Barbara Stambolis

Aufgewachsen in »eiserner Zeit«

Barbara Stambolis

Aufgewachsen in »eiserner Zeit«

Kriegskinder zwischen Erstem Weltkrieg und Weltwirtschaftskrise

Bibliografische Information der Deutschen Nationalbibliothek
Die Deutsche Nationalbibliothek verzeichnet diese Publikation
in der Deutschen Nationalbibliografie;
detaillierte bibliografische Daten sind im Internet
über http://dnb.d-nb.de abrufbar.

Originalausgabe

E-Mail: info@psychosozial-verlag.de
www.psychosozial-verlag.de

Umschlagabbildung: Kriegsmilchküche in Münster am Neutor, 1916;
Foto: Stadtarchiv Münster.
Umschlaggestaltung: Hanspeter Ludwig, Wetzlar
www.imaginary-world.de
Satz: Andrea Deines, Berlin
ISBN 978-3-8379-2358-2

Inhalt

Vorwort

Obwohl der Erste Weltkrieg derzeit große Aufmerksamkeit findet, widmen sich insgesamt gesehen nur wenige Veranstaltungen und Publikationen ausdrücklich der Erfahrungsgeschichte derjenigen Altersgruppen, die in Kindheit und Jugend nachhaltig von den Jahren 1914 bis 1918 und ihren Folgen geprägt wurden. Eine Fülle von Neuerscheinungen befasst sich vielmehr mit den weitreichenden politischen Folgen des Ersten Weltkriegs für das 20. Jahrhundert. Deutungen und Debatten um die Kriegsschuld werden aufgegriffen und in neue Forschungskontexte gestellt. In einem ausführlichen Überblicksartikel über wichtige neue Literatur zum Ersten Weltkrieg, der im Januar 2014 in der Wochenzeitung *Die Zeit* unter der Überschrift »Historiker mit schwerer Munition« erschienen ist, ist die Rede von »ungelösten Rätseln, blinden Flecken und der alten Frage nach den Lehren der Geschichte«, die 2014 in spezifischer Weise in den Blick gerieten. Die wissenschaftliche Bedeutung der teilweise hochkarätigen Neuerscheinungen zum Ersten Weltkrieg ist unbestritten, doch finden sich in der neueren Forschung bislang kaum Antworten auf die Fragen, wie sich das Leben der zwischen 1900/1902 und 1914/1918 Geborenen gestaltet hat, was sie empfunden haben, welches psychisch-mentale Gepäck ihnen in Kindheit und Jugend mit auf den Weg gegeben wurde.

Zahlreiche Angehörige der Kriegskindergeneration des Zweiten Weltkriegs stellen heute im Alter fest, dass ihre Eltern – zwischen Erstem Weltkrieg und Weltwirtschaftskrise aufgewachsen – vielleicht ähnliche Erfahrungen gemacht haben wie später ihre Kinder in und nach dem Zweiten

Weltkrieg. Ihre Spurensuche in privaten Unterlagen ist oft wenig ergiebig und auch in geschichtswissenschaftlichen Untersuchungen finden sie nur wenige Anhaltspunkte. Diesem ›blinden Fleck‹ gilt in der vorliegenden Publikation die Aufmerksamkeit. Manche Leserinnen und Leser – zwischen 1930 und 1945 geboren – werden sich in den Kindern des Ersten Weltkriegs teilweise wiedererkennen, sie werden aber auch feststellen, dass sie in vielerlei Hinsicht unter anderen Bedingungen aufgewachsen sind und dass ihre Lebensperspektiven sich von denen Heranwachsender nach 1918 grundlegend unterscheiden. Jüngere, nach 1945 Geborene, werden zum einen gängigen Perspektiven auf das 20. Jahrhundert einige neue Facetten hinzufügen und sich der Frage nach der Dauer mentaler und psychohistorischer Erbschaften zuwenden können. Es handelt sich im Folgenden um einen vorsichtigen historischen Brückenschlag zwischen Kindheits- und Jugenderfahrungen im bzw. nach dem Ersten und dem Zweiten Weltkrieg, dem hoffentlich weitere, vor allem detailliertere Untersuchungen folgen werden.

Dieser Publikation sind Studien der Autorin zu Kriegskindheiten im Zweiten Weltkrieg vorangegangen, die sich nicht nur auf Literaturrecherchen, sondern auch auf Befragungen und viele Gespräche mit Zeitzeugen und Zeitzeuginnen stützen, die sich mittlerweile mit ihrer weiter zurückreichenden Familiengeschichte, vor allem mit der Kindheit und Jugend ihrer Eltern im und nach dem Ersten Weltkrieg beschäftigen. Denjenigen, die mit Kommentaren, persönlichen Dokumenten und Fotos Anregungen gegeben haben, sei an dieser Stelle herzlich gedankt. Außerdem gilt mein Dank dem Psychosozial-Verlag für die gute Zusammenarbeit und die zügige Drucklegung des Manuskripts.

Barbara Stambolis
Münster, Februar 2014

1. Kriegskinder des Zweiten Weltkriegs im Rückblick auf den Ersten Weltkrieg

Das 20. Jahrhundert sollte ein ›Jahrhundert des Kindes‹ und der Jugend werden, doch für die Mehrheit derjenigen, denen um 1900 dieser optimistische Blick in die Zukunft galt, den zwischen 1900/1902 und 1914/1918 Geborenen, eröffnete das neue Säkulum keineswegs in erster Linie positive Zukunftsperspektiven. Vielmehr prägten schon bald Kriegs- und Kriegsfolgeerfahrungen ihr Leben, von denen manche ähnlich schwerwiegend und nachhaltig belastend waren, wie diejenigen, die wir seit einigen Jahren aus Forschungen und rückblickenden Selbstäußerungen von Kindern des Zweiten Weltkriegs kennen. Ein 1910 geborenes ›Kriegskind des Ersten Weltkriegs‹ fasste als junger Erwachsener Grunderfahrungen seiner Generation folgendermaßen zusammen:

> »Wir […] sind noch jung an Jahren. Jedoch wir waren niemals richtig Kind./[…]/Wir sind noch jung und haben schon die Welt erfahren./Uns ist schon so, als wenn wir über fünfzig sind./Wir wurden sechs und sollten in die Schule gehen/Die Väter gingen stumm ins Feld und fielen./Die Mutter weinte laut./Wir mochten nicht mehr spielen […]./Man nahm uns manchmal an die Hand und zog uns fort./Man wollte uns vor mancher Grausamkeit bewahren/Und sprach vom Krieg. Wir wuchsen […] hungrig auf und hatten noch zu viel,/um zu verhungern. Wir mussten noch dem großen Bruder geben,/der an der Front getötet wurde, für das Vaterland./Wir wuchsen auf, mit einer Seele hart wie Stein […]« (Wiebeck 1930, o.S.).

Fast noch deutlicher werden die bedrückenden Verhältnisse in einem weiteren Gedicht, *Kinder 1917* überschrieben, das 1931 publiziert wurde und ebenfalls verdeutlicht, was ›Kindheit im Ersten Weltkrieg‹ bedeutete:

> »Der Vater war draußen, die Mutter in der Fabrik!/und wir spielten den ganzen Tag auf der Straße./Die Mutter war müde und wir spielten Krieg./Wir taten, als ob der Feind zum Angriff blase./Meine Mutter drehte Granaten, wir lernten Heldengeschichte./Hungernd holte ich aus der Kantine mittags das Dörrgemüse,/und dann lernten wir Religion und deutsche Geschichte/und übten kindlich militärische Grüße./Wenn unsre Väter mal wieder einen Sieg errungen,/dann hielt der Lehrer eine Ansprache und wir riefen ›Hurra!‹/Es wurde meistens ›Vater, ich rufe dich!‹ gesungen,/doch der Vater und auch kein Essen war da./[...] Wir wurden geprügelt und weinten still,/die Mutter war müde und schalt ohne Zorn. – Warum bloß der Vater nicht kommen will?/Aber der Vater blieb immer noch vorn« (F. Bauer 1931, o.S.).

Was hier in gereimter Form in wenigen Sätzen formuliert wurde, könnte auch ein ›Kriegskind des Zweiten Weltkriegs‹, geboren zwischen 1930 und 1945, in ähnlicher Weise geschrieben haben. Davon, dass die Nachricht vom Kriegstod des Vaters das abrupte Ende der Kindheit bedeutete, zeugt zum Beispiel folgende Erinnerung eines 1936 Geborenen:

> »Es ist Ende 1942 [...] ein kleiner Junge sitzt auf dem Gartenzaun. [...] Er schaut hinaus auf die bleigraue Schotterstraße, dorthin, wo [...] ein Haufen von Jungen Fußball spielt. [...] Das ist der Alltag in der Siedlung: die schreienden, kämpfenden Jungen, die Mädchen, die drüben mit ihren Puppen spielen, einzelne Mütter, die irgendwo in den Gärten herumwerkeln. Für alle ist es so, wie es gestern und vorgestern war, nur für ihn ist mit einem Schlag alles anders geworden. [...] Er ist immer noch acht Jahre alt, aber zwischen ihm und seinen Freunden ist ein riesiger Abgrund aufgerissen: Er ist der Sohn eines Helden, eines toten Helden [...] Nein, er kann nicht mitspielen, vielleicht nie wieder« (Schulz et al. 2004, S. 48f.).

Zahlreiche Angehörige der Kriegskindergeneration des Zweiten Weltkriegs stellen seit einigen Jahren fest, dass ihre Eltern Kriegskinder des Ersten Weltkriegs waren. Sie wüssten heute gerne mehr über ihre Väter und Mütter sowie deren Aufwachsen zwischen Erstem Weltkrieg und Weltwirtschaftskrise und bedauern, dass sich darüber kaum etwas in Erfahrung bringen lässt. Eine Erklärung liegt sicher darin, dass in den Wirren des Zweiten Weltkriegs, im Bombenkrieg und auf der Flucht viele schriftliche Zeugnisse verloren gegangen sind. In vielen Familien ist zudem über persönliche Erfahrungen des Ersten oder Zweiten Weltkriegs nicht gesprochen worden. Eine kriegsbedingt nach 1945 ohne Vater aufgewachsene Frau (I. G.) – Jahrgang 1941 – teilte der Verfasserin am 2. November 2013 zum Beispiel Folgendes mit:

> »Meine Mutter ist ein Kind des Ersten Weltkriegs. [...] Nachdem ich sehr viel über meinen Vater erfahren hatte, habe ich mich auf die Suche nach meinem Großvater begeben. Es waren 17 Briefe hier im Hause, die ich sozusagen ›übersetzt‹ habe. Diese Briefe hatte ich schon als kleines Mädchen in einem Kistchen aufbewahrt. [...] Mein Großvater ist in der Nähe von Riga im Februar 1916 gefallen – er hat seine Ehefrau und drei Kinder hinterlassen. Meine Mutter ist Jahrgang 1907. Meine Mutter und meine Großmutter haben nie über meinen Großvater etwas gesagt – es wurde geschwiegen.«

In vielen Familien existieren nur noch wenige Fotos und manchmal allenfalls einige Briefe, die Auskunft darüber geben, wie die Väter und Mütter der Kriegskindergeneration des Zweiten Weltkriegs aufgewachsen waren, oder darüber, welche Auswirkungen er für letztere gehabt hatte. Ob und in welcher Weise die zwischen 1900 und 1918 Geborenen später darüber nachgedacht haben, dass ihre Kinder im Zweiten Weltkrieg ähnliche Ängste um Angehörige hatten und dass ihnen ähnliche Verlusterfahrungen bevorstanden, die sie selbst in ihrer Kindheit und Jugend erlitten hatten, ist nur noch zu vermuten, jedoch nicht mehr zu erfragen. Angehörigen der Kriegskindergeneration des Zweiten Weltkriegs wurde oft erst im Alter in der Beschäftigung mit der eigenen Kindheit und Jugend deutlich, dass bereits im Ersten Weltkrieg etwa der Großvater väterlicher- oder mütterlicherseits und weitere männliche Familienangehörige umgekommen waren. Eine Betroffene etwa berichtete: »Meine Großmutter väterlicherseits hat ihren Mann und zwei Söhne im Krieg verloren. Meine Mutter ihren Mann und meine Tante, die mit in ihrem Hause lebte, ihren Verlobten« (Stambolis 2012, S. 156).

Vor allem die gedankliche Spurensuche nach einer durch zwei Kriege bedingten Dominanz weiblicher Prägung über mehrere Generationen führt seit einigen Jahren zu einer für die betroffenen Familien überraschenden Einsicht einer ›defizitären‹ Männlichkeit und Väterlichkeit bereits in der Elterngeneration (vgl. Stambolis 2012, 2013a). Diese war jedoch bislang kaum Gesprächsgegenstand gewesen, obwohl die generationelle Tiefendimension vaterfernen Aufwachsens unübersehbar war. Die Auswirkungen solch ausgesprochen dichter Spuren fehlender Männlichkeitsvorbilder und abwesender Vaterfiguren scheinen sich mittlerweile geradezu zu einem eigenen Themenfeld für Familienrecherchen auszuweiten. Doch auf welchem Wege lässt sich die Kindheit und Jugend der Kriegskinder des Ersten Weltkriegs in der eigenen Familie rekonstruieren, wenn man die betroffenen Altersgruppen nicht mehr befragen kann? (vgl. Faron 2001).

Aus den eingangs wörtlich wiedergegebenen Sätzen eines Angehörigen des Jahrgangs 1910 lässt sich zweifellos entnehmen, dass der Krieg eine grundlegende Zäsur im Leben vieler Kinder und Heranwachsender darstellte. Sie waren früh ›dem Ernst des Lebens‹ ausgesetzt, was für die Kinder im Ersten wie im Zweiten Weltkrieg gleichermaßen galt. Viele der vaterlosen Töchter und Söhne der Kriegsgeneration des Zweiten Weltkriegs haben wiederholt betont, über ihrer Kindheit und Jugend habe ein »tiefer Ernst« aller sie umgebenden Menschen gelegen. Das habe für die Erwachsenen gegolten, und auch sie selbst seien keine unbeschwerten oder unkompliziert ausgelassen fröhlichen Mädchen und Jungen gewesen. Es gab wenige Anlässe, locker und unbeschwert zu sein. Wie sollten sie also eine solche Haltung anderen, etwa ihren Kindern, vermitteln, wenn bereits ihre Eltern keine unbelastete Kindheit und Jugend erlebt hatten?

Abbildung 1: Elli O., geborene Elli W. (geb. 6. September 1915), und ihr Bruder Alfred (geb. 16. Januar 1914)

Häufig sind die Befürchtungen über mögliche familiäre Erbschaften ausgesprochen diffus und finden in der Wahrnehmung ihren Ausdruck, dass – ganz allgemein gesehen – »Unausgesprochenes« in den Familien das Leben von Kindern und Enkeln belasten könne. Manchmal jedoch erschreckt den einen oder anderen Betroffenen ein Stichwort, zum Beispiel in dem eingangs zitierten Gedicht aus dem Jahre 1930, in dem Kindern aufgrund von Kriegserfahrungen »eine Seele hart wie Stein« zugeschrieben wird. Dass einstige Kriegskinder des Zweiten Weltkriegs sich dadurch in spezifischer Weise angesprochen fühlen, ist nachvollziehbar, denn sie hatten selbst zu denjenigen Altersgruppen gehört, bei denen die Seele aufgrund ihrer Kriegserfahrungen im Kindheits- oder Jugendalter zeitweise wohl fast wie »abgestorben« erschien (Ferrière 1949, S. 105f.). Mitarbeiter von Erholungsheimen hatten nach 1945 beobachtet, wie Kinder mit dem Verlust ihres Vaters und anderen schwer belastenden Einwirkungen des Krieges umgingen. Sie litten eben nicht nur an Untergewichtigkeit, Rachitis, Skrofulose oder Blutarmut, sondern ihre Seele wirke »wie staub-

Abbildung 2: Auguste Mayfarth (geb. 1916) auf dem Schoß ihrer Mutter mit vier weiteren Geschwistern

Abbildung 3: Die Mutter von Ute K., K. Pankrath (geb. 1914), als Kleinkind

verkrustet« (Lippert/Keppel 1950, S. 300–303). In der Regel hatten Ärzte und Fürsorger in erster Linie die physischen Beeinträchtigungen, beispielsweise durch Mangelernährung, im Blick: Die Kinder wurden gemessen und gewogen, es wurde Luftveränderung empfohlen und ihnen wurden Kuren zur körperlichen Kräftigung verordnet. Nach ihren seelischen Bedürfnislagen, der Sehnsucht nach ›heilen Welten‹, Geborgenheit und menschlicher Zugewandtheit, wurde weniger gefragt.

Trafen diese Befunde und Beobachtungen nicht auch schon für Kinder des Ersten Weltkriegs zu? Begegnen uns also in den Kindern des Ersten Weltkriegs nicht gleichsam die des Zweiten? Welche Geheimspuren ziehen sich möglicherweise durch die Generationengeschichten des 20. Jahrhunderts, das als ›Jahrhundert des Kindes‹ begann und rückblickend als Jahrhundert der Kriege bezeichnet werden muss?

Die zeitliche Tiefe des ›kommunikativen Gedächtnisses‹ ist, wie bereits angedeutet, bekanntlich gegrenzt: Wenn die Generationen wechseln, ›wandern‹ zwar Teile der großelterlichen und elterlichen Erinnerungshorizonte durch Erzählungen in den Familien, im Gespräch mit Kindern und Enkeln noch eine Weile mit. Nach drei oder vier Generationen gehen jedoch die im ›kommunikativen Gedächtnis‹ aufbewahrten Erinnerungen, in diesem Falle an Kriegs- und Nachkriegszeiten, unwiderruflich verloren. Dessen dürften sich Menschen bewusst sein, die gegenwärtig auf Familienfeiern an vor rund 100 Jahren geborene Angehörige erinnern. Auch denjenigen, die heutzutage verspätete Todesanzeigen für ihre im Zweiten Weltkrieg umgekommenen Väter aufgeben, dürfte es oft schwerfallen, sie sich als ›Kriegskinder des Ersten Weltkriegs‹ vorzustellen.

Möglicherweise sind wir jedoch seit Kurzem sensibler gegenüber solch nachdenklichen Rückblicken auf das katastrophenreiche 20. Jahrhundert geworden, seitdem Angehörige der Kriegskindergeneration des Zweiten Weltkriegs sich zu fragen begonnen haben, unter welchen Bedingungen ihre Eltern aufgewachsen sind. Im Folgenden werden ähnliche Kriegs- und Kriegsfolgeerfahrungen, transgenerationale Langzeitperspektiven, aber auch Grenzen der Vergleichbarkeit zwischen Kriegskindheiten in und nach den beiden Weltkriegen thematisiert, ohne jedoch auch nur annäherungsweise den Anspruch einer umfassenden Darstellung dieses weiten wissenschaftlichen Feldes erheben zu wollen. Es handelt sich vielmehr um einen ersten Zugang zu einer Forschungsperspektive mit Blick auf eine breiter angelegte Kindheitsgeschichte des 20. Jahrhunderts. Ohne Ergebnisse vorwegnehmen zu wollen, sei hier noch auf ein Gedicht der 1907 geborenen Lyrikerin Mascha Kaléko aus dem Jahre 1931 mit dem Titel *Chor der Kriegswaisen* verwiesen, in dem sie die Generation der nach 1900 Geborenen als »Kinder der eisernen Zeit« bezeichnet (Kaléko 2007, S. 90f.). Manche Kriegskinder des Zweiten Weltkriegs erkennen sich in diesem Gedicht spontan wieder; auf den zweiten Blick jedoch ist festzustellen, dass sich die Bedingungen des Heranwachsens nach 1918 und nach 1945 in vielerlei Hinsicht unterschieden:

> »Wir sind die Kinder der ›Eisernen Zeit‹./Gefüttert mit Kohlrübensuppen./Wir haben genug von Krieg und von Streit/Und den feldgrauen Aufstehpuppen!/Kind sein, das haben wir niemals gekannt./Uns sang nur der Hunger in Schlaf .../Weil Vater im Schützengraben stand,/zu fallen für Kaiser und Vaterland,/Wenns grade ihn mal traf./Unser Kinderschreck war der Heldentod,/Unser Märchenbuch: Extrablätter;/Unsre Leckerbissen: das Karten-Brot;
>
> Kanonen – unsre Götter./Die Schulfibel prangte so stolz schwarzweißrot,/Draus lernten wir: Tod den Franzosen!/Wir übten: ›Man sagt nicht Adieu; nur Grüßgott‹/Und schwärmten für Stahlbadehosen./Und kam eines Tages ein Telegramm,/Wenn der Vater schon lang nicht geschrieben –/Dann zog sich die Mutter das Schwarze an,/Und wir waren kriegshinterblieben./Wir lernten Geschichte und Revolution/Am eigenen Leibe erfahren.
>
> Wir schwitzten für Gelder der Inflation,/Die später Klosettpapier waren./Wir spüren noch heute auf Schritt und Tritt/Jener ›Herrlichen Zeiten‹ Vermächtnis./– Und spielt ihr Soldaten, wir machen nicht mit;/Denn wir haben ein gutes Gedächtnis!«

2. Die januskopfige Zeitheimat der Kinder des Ersten Weltkriegs

2.1 Aufbruch ins ›Jahrhundert des Kindes‹

Um die Zeitatmosphäre um 1900 zu charakterisieren, wird meist auf folgende Hintergrundfolien verwiesen, die die Jahrhundertwende kennzeichnen: Weitreichende gesellschaftliche und kulturelle Umbrucherfahrungen hatten einerseits zu einer positiven, fortschrittsoptimistischen Sicht auf die Zukunft geführt, was nicht zuletzt eine Fülle von lebensreformerischen Initiativen belegt. Andererseits hatten Industrialisierung und Verstädterung zu katastrophalen Lebensbedingungen für weite Teile der Bevölkerung und zu massiven Umweltbelastungen beigetragen. Auf der einen Seite zeichnete sich eine bessere medizinische und sozialfürsorgerische Versorgung Bedürftiger ab; auf der anderen Seite wurden in düsteren Szenarien zivilisationskritisch-pessimistische Visionen entworfen. Widersprüchliche Erwartungen waren also für die Jahrhundertwende typisch, für die in treffender Weise auf die Metapher des Januskopfes verwiesen wird, um die Gegensätze und die Doppelgesichtigkeit der damaligen Zeit zu betonen. Mit Blick auf die Zeitheimat (vgl. Jureit/Wildt 2005) der zwischen 1900 und dem Ersten Weltkrieg Geborenen sollen diese Erwartungen im Folgenden noch einmal allgemein umrissen werden: Auf der einen Seite schienen Hoffnungen auf gesellschaftliche Veränderungen und wissenschaftlichen Fortschritt durchaus berechtigt, nicht zuletzt zum Wohle nachwachsender Generationen. Licht-, Luft- und Sonne-Bäder oder das Wandern in der freien Natur wurden propagiert und Heranwachsenden ein Freiraum jenseits elterlicher und schulischer Einflussnahme zugestanden. Auf der anderen Seite stand dem verbreiteten Fortschrittsoptimismus das Wissen um miserable Lebensbedingungen, vor allem von Kindern unterer Schichten, und eine an Disziplin und Härte ausgerichtete Erziehung gegenüber, von der ein ›Abschied‹ erst unter großen Anstrengungen und über einen längeren Zeitraum hinweg möglich war. Diese janusköpfige Welt- und Zukunftssicht der Jahrhundertwende entsprach wohl tatsächlich der Wahrnehmung vieler zeitgenössischer Beobachter. Bezeichnenderweise findet sich ein solcher Januskopf zum Beispiel auf der Titelseite der Januarausgabe der Zeitschrift *Jugend* des Jahres 1900 (vgl. Peukert 1987a, S. 266; 1988, S. 60–72).

Zunächst soll der Blick auf einige zukunftsoptimistische Tendenzen der Jahrhundertwende gerichtet werden, die speziell für Kinder und Heranwachsende von Bedeutung waren. Die bekannteste Publikation in diesem Zusammenhang ist zweifellos das 1900 erschienene Buch der schwedischen Reformpädagogin Ellen Key (1849–1926) *Das Jahrhundert des Kindes*, dem sie folgende Worte aus Friedrich Nietzsches *Zarathustra* voranstellte:

> »Eurer Kinder Land sollt ihr lieben: diese Liebe sei euer neuer Adel – das unentdeckte im fernsten Meere! Nach ihm heiße ich eure Segel suchen und suchen! An euren Kindern sollt ihr gut machen, dass ihr euer Väter Kind seid: Alles Vergangene sollt ihr so erlösen« (Key 1902, Vorspann; vgl. Baader et al. 2000).

Gleichsam wie ein unmittelbares Echo auf diese visionären Sätze wirkt eine Abbildung auf der Titelseite der satirischen Zeitschrift *Der wahre Jacob* in ihrer Neujahrsausgabe des Jahres 1900: »Das Jahrhundert gehört uns«, verkündete hier ein wohlgenährtes nacktes Kleinkind mit jakobinischer Freiheitsmütze, das einem Engelchen gleich über den Köpfen vorwiegend alter Menschen schwebte, die die wilhelminische Gesellschaft verkörperten – darunter greise Politiker, Militärs, Richter und gekrönte Häupter.

Die intensiven Bemühungen um den ›Nachwuchs‹ äußern sich um die Jahrhundertwende in vielfältiger Weise, zum Beispiel in Kinderschutz und Kinderforschung. Außerdem begann um die Wende vom 19. zum 20. Jahrhundert der Durchbruch grundlegender Erkenntnisse in den Bereichen Hygiene und Ernährung. An den bahnbrechenden Erkenntnissen der Säuglings-

Nr. 551 (Neujahrs-Nummer). Stuttgart, den 2. Januar 1900. Abonnementsbedingungen 2c. s. 3. Seite des Hauptblattes.

DER WAHRE JACOB

Chor der Alten:
„Scheint die Sonne noch so schön, — einmal muß sie untergehn!"

Abbildung 4: Das Jahrhundert des Kindes und des Sozialismus. Aus: Der wahre Jacob, *Nr. 551, 2. Januar 1900, Titelseite: »Chor der Alten«*

und Kinderforschung waren Pioniere der medizinischen Kinderheilkunde, der Ernährungsphysiologie, der Heil-, Sozial- und Schulpädagogik, der Kinder- und Jugendpsychologie und des Kinderschutzes beteiligt. Zu den Experten gehörte auch Adalbert Czerny (1863–1941), Pionier der modernen Kinderheilkunde, der unter anderem auf dem Gebiet der Säuglingsernährung ausgewiesen und langjähriger Direktor der Charité-Kinderklinik in Berlin war. Sein Buch *Der Arzt als Erzieher des Kindes* (Czerny 1908) fand über die Fachwelt hinaus weite Verbreitung; es erschien bis zum Ende des Zweiten Weltkrieges in mehr als 20 Auflagen. Die allmähliche institutionelle Etablierung der Kinderforschung ließ sich daran ablesen, dass 1883 die »Gesellschaft für Kinderheilkunde« gegründet wurde und bis zum Ausbruch des Ersten Weltkriegs sechs Lehrstühle für Pädiatrie eingerichtet werden konnten.

In diesem Zusammenhang setzten auch der führende Ernährungsphysiologe Max Rubner (1854–1932) und der bedeutende Heilpädagoge Johannes Trüper (1855–1921), Herausgeber der *Zeitschrift für Kinderforschung* und Gründer eines Heimes für »entwicklungsgeschädigte und -gestörte Kinder«, wichtige Impulse. Sie gehörten zu denjenigen, die sich schon wenig später intensiv mit den Kriegsfolgen für das Heranwachsen von Kindern und Jugendlichen befassten und deshalb an dieser Stelle namentlich genannt werden. In diese Reihe von Fachleuten gehört ferner auch der Kinderarzt Leo Langstein (1876–1933), der sich nicht nur der Bekämpfung der Säuglingssterblichkeit widmete, sondern darüber hinaus auf dem Gebiet der Gesundheits- und Wohlfahrtspflege Maßgebliches leistete. Nicht zuletzt der Psychologe William Stern (1871–1938), Mitbegründer der »Deutschen Gesellschaft für Psychologie« (DGPs) und der *Zeitschrift für angewandte Psychologie*, beeinflusste bereits vor dem Ersten Weltkrieg die wissenschaftliche Kinderforschung nachhaltig (Stern 1910; vgl. Sellmann 1911).

In wissenschaftlichen wie populären Schriften wandten sich Experten in bemerkenswerter Weise den seelischen Bedürfnislagen und Verfasstheiten von Heranwachsenden zu, wobei besonders die sozialen Bedingungen des Aufwachsens in Kombination mit psychischen Beeinträchtigungen in den Fokus des Interesses gerieten. Da die negativen Auswirkungen von Verstädterung und Industrialisierung auf Kinder und die daraus resultierenden Folgen für betroffene Familien als besonders nachteilig erkannt wurden, fand die Ausweitung der Forschungen in bakteriologischen, serologischen und ernährungswissenschaftlichen Bereichen ebenso breite Zustimmung wie die Bereitschaft, praktische Arbeitsfelder in außeruniversitären Krankenhäusern und zahlreichen Fürsorgeeinrichtungen zu fördern (Seidler 2007, S. 10f.). Nicht zuletzt Vertreter der sozialen Pädiatrie (ebd., S. 19), die sich »mit den durch die Umwelt hervorgerufenen Gesundheitsstörungen und ihrer Prävention« befassten, sahen vielfältige Aufgaben auf sich zukommen (ebd., S. 64; vgl. Uffelmann 1881; Bendix 1910). Mit anderen Worten: »Schulhygiene, Waisenkinder, Kinderkrippen, Milchproduktion und -verkehr, Ferienkolonien, Säuglingspflege, Jugendfürsorge gerieten in das Interessenfeld der Pädiater, vor allem der Schutz der Säuglinge und Kleinkinder« (Seidler 2007, S. 19). Als Beispiel für die zahlreichen Initiativen kann auch die 1909 in Berlin gegründete »Deutsche Vereinigung für Säuglingsschutz« gelten; einige ihrer Mitglieder nahmen in besonderer Weise die Zusammenhänge von Krankheiten und sozialer Lage in den Blick.

Solange jedoch Kinder und Jugendliche im Schatten von Industrieschloten und unter buchstäblich erbärmlichen Bedingungen ins Leben starteten, erschienen die bereits unternommenen Anstrengungen und die zukunftsoptimistischen Visionen einer ›glücklichen Zukunft‹ kaum glaubwürdig, wie eine sozialkritische Darstellung des Zeichners Paul Rieth (1871–1925) in der Zeitschrift *Jugend* zeigt. Darin ist ein Kind vor einer düsteren menschenleeren Industriekulisse schutzlos einem fledermausartigen Monster mit Peitsche ausgesetzt, das als Antigestalt eines »Kinderschutzengels« im »Jahrhundert des Kindes« vorgestellt wird (vgl. Abbildung 5).

Wie aus Paul Rieths Zeichnung auch ersichtlich ist, standen einem Aufbruch in ein ›Jahrhundert des Kindes‹ nicht nur bedrückende soziale Verhältnisse, sondern auch Erziehungsprinzipien entgegen, die unter dem Stichwort ›Durchgreifen mit eiserner Faust‹ zusammengefasst werden können (vgl. Wolffheim 1905) und die nicht nur für Kinder und Jugendliche aus unteren, sondern auch aus bürgerlichen Schichten galten. Manche Heranwachsende aus dem Bürgertum zerbrachen buchstäblich an den autoritären Strukturen in höheren Schulen, in denen es vorrangig um Dressur mit dem Ziel der Erzeugung gehorsamer Untertanen ging. Sigmund Freud (1856–1939) beispielsweise nahm eine Welle von Schülerselbstmorden zum Anlass, 1910 zu einem Kongress nach Wien einzuladen, um das Problem psychologisch zu analysieren (vgl. Reulecke/Stambolis 2007). Die hier angedeutete

Abbildung 5: Im »Jahrhundert des Kindes« – der moderne Kinderschutzengel (Paul Rieth). Aus: Jugend*, 1914*

Problematik fand auch in der zeitgenössischen Belletristik breiten Widerhall. In Romanen und Erzählungen wurden Heranwachsende als Opfer von Pädagogen und autoritären Vätern dargestellt, so zum Beispiel in Conrad Ferdinand Meyers *Leiden eines Knaben* (1883), Hermann Hesses *Unterm Rad* (1906) oder den *Buddenbrooks* (1901) – der Roman, mit dem Thomas Mann seinen Weltruhm begründete. An der Person Hannos, des Letztgeborenen der Buddenbrooks, lässt sich unschwer das Leiden am Ehrgeiz des Vaters, an der Familientradition, an Härte, Ängsten, dem Gefühl des Sich-Unverstanden-Fühlens und der Unterlegenheit des Heranwachsenden im Gymnasium aufzeigen. Unter den vielen Beispielen sei hier lediglich noch Robert Musils *Verwirrungen des Zöglings Törleß* (1906) erwähnt. In biografischen Äußerungen schließlich, beispielsweise denen des 1893 geborenen Ernst Toller (*Eine Jugend in Deutschland* [1933]), gibt es entsprechende Erfahrungen, die sich auf die Kindheit und Jugend im wilhelminischen Deutschland beziehen.

2.2 Ein bürgerliches Kindheitsideal und sein bevölkerungspolitischer Schatten

Der Gedanke an ein ›Jahrhundert des Kindes‹ und der Glaube an die Möglichkeit des Aufwachens in einer ›heilen Welt‹ ohne Drill und Gehorsam und in gesunder Umgebung behielten bis zum Ausbruch des Ersten Weltkriegs – den Realitäten zum Trotz – eine große Anziehungskraft. In diesem Sinne wirkten wohl auch die in der Zeitschrift *Jugend* veröffentlichten Bilder des schwedischen Malers Carl Larsson (1853–1919), und zwar als »fröhliche Lebens- und Stimmungsbilder aus dem Heim einer glücklichen Familie«, wie es in den *Münchener Neuesten Nachrichten* 1909 hieß. Die Darstellungen solcher Idealverhältnisse gipfelten gleichsam in Larssons Buch *Das Haus in der Sonne* (1909), einem Bestseller im Deutschland der Jahrhundertwende, der »von moderner Kindererziehung, Jugendkult, einem ›natürlichen‹ Leben auf dem Lande, bequemer Kleidung und einfacher Einrichtung in den Räumen, die von Luft und Licht durchflutet waren, und anderem Zeittypischen mehr« handelte (Lengefeld 2005, S. 115). Solche Vorstellungen lassen sich mühelos mit Abbildungen in populären Zeitschriften und Kalendern belegen, welche immer wieder Kinder in ländlicher Idylle zeigen, die einen Reigen um einen jungen Baum herum tanzen (Piesik 1992, S. 7). Sie finden sich außerdem in dem bekannten Elterntagebuch des psychologisch interessierten Ehepaares Ernst und Gertrud Scupin wieder, das die ersten sechs Lebensjahre ihres Sohnes Ernst-Wolfgang, genannt »Bubi«, begeistert und minutiös dokumentierte (Scupin 1907, 1910) und ihr Kind tendenziell als ›glückliches‹, das viele

Freiräume und Möglichkeiten der Entfaltung in einer behüteten Umgebung hatte, beschrieb.

Dem bürgerlichen Ideal einer perfekten kindlichen Erziehung folgte auch das Buch des Pädagogen Adolf Matthias (1847–1917) mit dem Titel *Wie erziehen wir unsern Sohn Benjamin*, das 1897 in erster, 1912 bereits in neunter und 1916 dann in weiteren Auflagen veröffentlicht wurde (Matthias 1899; vgl. Matthias 1922). Ziel dieses Ratgebers war es, unsicheren Eltern einen Leitfaden für eine erfolgreiche Erziehung an die Hand zu geben. Der Autor hoffte auf die Festigung der Institution Familie als »festeste Burg deutschen Glücks« (Matthias 1899, S. IX) und war damit, wie die Auflagenzahl zeigt, erfolgreich. Ein liebevoller, einfühlsamer Umgang mit dem Kind, aber auch eine erzieherische Konsequenz im Abhärten ergäben die ›richtige Mischung‹ elterlicher Erziehung. Matthias war offensichtlich gut über die aktuelle Säuglings- und Kinderforschung unterrichtet, denn – so schrieb er – die »Gesundheitsfeinde« lauerten überall und müssten von den Eltern erkannt werden (ebd., S. 181). Er empfahl Licht und Luft zu jeder Jahreszeit sowie das Schlafen bei offenem Fenster und kalte Bäder. Zu den Gefahren hingegen rechnete er »Verhätschelung und Verzärtelung« (ebd., S. 187), die in den »Flegeljahren«, das heißt zwischen dem 13. und dem 16. Lebensjahr, problematisch werden könnten. Doch der Grundtenor dieses Ratgebers gleicht einem optimistischen Plädoyer für die eingangs bereits erwähnte ›freie Entfaltung‹ des Kindes in einem ›Jahrhundert des Kindes‹. Der Titel *Wie erziehen wir unsern Sohn Benjamin*, so glaubte Matthias, verdeutliche sein Anliegen; denn wie der Name schon sage: »Ben-Jamin« bedeute »ein Glückskind«! (ebd., S. 274).

Der ›Sorge um den Nachwuchs‹ lag um die Jahrhundertwende allerdings nicht nur die Erkenntnis zugrunde, dass die Kindheit eine schützenswerte Entwicklungsphase des Menschen sei. Lebens- und Erziehungsreformer, Mediziner und Hygieniker widmeten Kindern nicht nur aus einem empathisch-idealistischen Verhältnis zu ihnen als unschuldigen, schutzbedürftigen Wesen ihre Aufmerksamkeit: In den politischen und gesellschaftlichen Debatten spielten auch bevölkerungspolitische Argumente eine Rolle. Tatsächlich war die deutsche Bevölkerung gegen Ende des 19. Jahrhunderts – salopp gesagt – so ›jung wie nie zuvor‹. Der Rückgang der Säuglingssterblichkeit, der auf einem ganzen Bündel von Faktoren beruhte, hatte einen nicht unerheblichen Anteil an dieser Entwicklung, die dazu führte, dass der Anteil der unter 14-Jährigen im Deutschen Reich im Jahre 1900 34,8 Prozent betrug (Marschalck 1984, S. 41–45, 57–67; Wehler 2008a, S. 495). Des Weiteren waren unter Experten öffentlich geführte, wissenschaftliche Debatten um die Frage entbrannt, wie die Geburtenrate weiter erhöht sowie die Sterblichkeit von Säuglingen und Kindern verringert werden könnte. Ein ›gesunder Nachwuchs‹ sollte die Konkurrenzfähigkeit Deutschlands im Wettbewerb mit anderen Nationen sichern.

Zwar waren in den ersten Jahren des 20. Jahrhunderts in Deutschland mehr lebendgeborene Kinder zur Welt gekommen als jemals zuvor – jährlich etwa 2 Millionen –; dennoch wuchs die Besorgnis, es könne sich langfristig gesehen ein Bevölkerungsrückgang anbahnen: Aufgrund der sich abzeichnenden Tendenz zur Kleinfamilie werde die »Volkskraft« in bedenklicher Weise geschwächt. In der bevölkerungswissenschaftlichen Forschung ist von einer regelrechten »Säuglingslobby« gesprochen worden (Castell Rüdenhausen 1990, S. 165), die sich um die Jahrhundertwende in den unterschiedlichsten weltanschaulichen Lagern und wissenschaftlichen Fachgebieten etabliert hatte. Unbestritten ist, dass in bevölkerungswissenschaftlichen Forschungen und öffentlichen Debatten seit der Jahrhundertwende »Basisbegriffe« wie »deutsche Nation«, »deutsches Volk«, »deutsches Reich«, »Rasse« oder »Aufzucht des Nachwuchses« einen festen Platz hatten (vgl. Weipert 2004, 2006). Medizinische und hygienische Erkenntnisse ließen sich zwar nutzbringend für das einzelne Kind anwenden, konnten aber auch der Sozialdisziplinierung und der Bekämpfung von moralisch verwerflicher ›Verwahrlosung‹ dienen. Sie konnten schließlich zur Grundlage erbbiologischer Selektion zwischen förderungswürdigen und ›hoffnungslosen‹ Heranwachsenden genutzt werden. Körperbehinderungen von Kindern etwa, die auf Tuberkulose, Rachitis oder Kinderlähmung zurückzuführen waren (vgl. Biesalski 1909), ließen sich als heilbare sozial bedingte Krankheiten behandeln, körperliche Schwächlichkeit oder Haltungsschäden hingegen konnten aber auch als ›minderwertig‹ eingeschätzt werden. Biologische ›Auslese‹-Gedanken wurden im Zusammenhang mit der Förderung und Betreuung von Heranwachsenden nicht selten bereits vor dem Ersten Weltkrieg geäußert und mitunter als Argument gegen allzu intensive fürsorgerische Maßnahmen für ›sozial Verwahrloste‹ gebraucht (vgl. Berger 2007; Stein 2009).

Zeitgenössische Stichworte wie »Rassenhygiene« oder »Eugenik« lassen erkennen, dass hier zwar durchaus Anfänge jenes »völkischen« Denkens liegen, das dann während der nationalsozialistischen Unrechtsherrschaft menschenverachtende politische Entwicklungen zur Folge hatte. Es kann jedoch keineswegs ein gradliniger Weg jener ›Sorge um den Nachwuchs‹, die für die Jahrhundertwende kennzeichnend war, in das sogenannte ›Dritte Reich‹ behauptet werden (Marschalck 1984, S. 63–65). Auf dem weiten Feld des Kinderschutzes und der Kinderforschung waren nicht zuletzt deutsch-jüdische Ärzte und Wohlfahrtsexperten beteiligt, die damals und auch noch nach 1918 ähnlich argumentierten wie die Mehrheit ihrer Kollegen; sie teilten eine gemeinsame Sprache, in der demografische und soziale Entwicklungen und Einsichten mit einem – durchaus biologischen bzw. biologistischen Vokabular beschrieben wurden. Das janusköpfige Ideen-Fundament der Jahrhundertwende erwies sich – so deutlich wohl erst aus der Rückschau erkennbar – gerade für diejenigen deutsch-jüdischen Spezialisten als zwiespältig, die sich, um es noch einmal zu betonen, ›zum Wohle der deutschen Nation‹ in Argumentation und Sprache kaum von solchen ›Experten‹ unterschieden, die später den politisch missbrauchten sozialdarwinistischen und rassebiologischen Auslesegedanken den Weg bereiteten (Gillermann 2009, S. 165).

2.3 Perspektivisches: ›Eiserne Zeiten‹

Bereits im 19. Jahrhundert finden sich insbesondere im deutschen Kaiserreich zahlreiche Verweise auf die eingangs (siehe Kapitel 1) von Mascha Kaléko gebrauchte Metapher der »eisernen Zeit« für die Zeitheimat der zwischen 1901/1902 und 1914/1918 Geborenen. Im 19. Jahrhundert hatte die deutsche Politik bekanntlich »mit eiserner Hand« regiert, nicht zuletzt unter dem »eisernen Kanzler« Otto von Bismarck (1815–1998), der in einer Rede »Blut und Eisen« zu einem geflügelten Wort hatte werden lassen. Er hatte damit auf ein Gedicht Max von Schenkendorfs (1783–1817) mit dem Titel *Das Eiserne Kreuz* aus den Befreiungskriegen angespielt, in dem es heißt: »Denn nur Eisen kann uns retten,/Uns erlösen kann nur Blut […]« (Schulze 1994, S. 232). Ein »eisernes« Zeitalter bahnte sich jedoch nicht nur in kriegerischer Hinsicht an, sondern darüber hinaus auch mit Blick auf eine ebenfalls als »eisern« bezeichnete Naturbeherrschung und -regulierung. Der Philosoph Adolf Lasson (1832–1917) schrieb beispielsweise 1882:

> »Die Flüsse werden überbrückt, das Weltmeer verliert seine trennende Kraft. Die Luft wird durchschifft wie die See, die Erde wird in eiserne Gürtel geschlagen. [...] immer herrlicher und großartiger sind die Siege, welche des Menschen List und Kunst davonträgt« (Lasson 1882, S. 165).

Als besonderes Wahrzeichen des ›eisernen Zeitalters‹ sei schließlich der für die Weltausstellung in Paris 1889 errichtete Eiffelturm genannt, ein Wahrzeichen des Siegeszuges technisch-industriellen Fortschritts unter den Bedingungen internationaler Konkurrenz und unter den Bedingungen diesbezüglich in der Selbstdarstellung miteinander wetteifernder Nationen. Zugleich galt – auch dies ist ein Aspekt facettenreicher Eisensymbolik – Eisen in der Medizin beinahe als Allheilmittel: Eisenhaltige Pillen wurden gegen Bleichsucht, Reizbarkeit und Schwächezustände aller Art verordnet; Hämatologen erforschten die Ursachen von Eisenmangel im Blut und entwickelten Ernährungskonzepte, die diesem vorbeugen sollten. Der lebensreformerisch inspirierte Physiologe Gustav von Bunge (1844–1920) etwa vertrat die lange Zeit geltende, sich später aber als falsch erwiesene Auffassung, Spinat sei aufgrund des darin enthaltenen hohen Eisengehalts für die Ernährung von Kindern besonders wertvoll.

Vor allem jedoch war, allen reformpädagogischen und lebensreformerischen Ansätzen zum Trotz, in den nach wie vor verbreiteten Erziehungsgrundsätzen des Kaiserreiches die Rede vom »eisernen Willen« weit verbreitet. Gleichsam mit ›eisernem Besen‹ wurde in Schule und Elternhaus für Disziplin und Ordnung gesorgt – Tugenden, unter deren rigoroser Durchsetzung die Bedürfnisse sensibler Kinder und Jugendlicher nach Schutz und Geborgenheit nicht selten in Vergessenheit gerieten.

Je näher der Krieg rückte und je intensiver sich in nationalpolitisch agierenden Jugendpflegeverbänden der Gedanke der ›Wehrertüchtigung‹ durchsetzte, umso größerer Beliebtheit erfreute sich die Devise, dass Abhärtung das beste Mittel gegen Weinerlich- und Zimperlichkeit sei. Der ›Wille‹ schien ausschlaggebend dafür zu sein, Zaghaftigkeit, Ängstlichkeit und Schmerz jedweder Art zu unterdrücken. Der Theologe Gottfried Traub (1869–1959) war einer von vielen, die an die Heranwachsenden appellierten:

> »Pfleget den Willen! Im Willen erkennt sich der Mensch. [...] Wir hassen die Willenlosen. Wir wollen nichts zu tun haben mit all denen, die nicht wissen, was sie wollen, und die erschrecken vor dem starken und aufrechten Willen« (Mogge/Reulecke 1988, S. 284).

Bekanntlich glaubten besonders Heranwachsende aus dem Bürgertum zu Kriegsbeginn, Willensstärke und eiserne Nerven unter Beweis stellen zu müssen. Nur auf den eisernen Willen komme es an, meinte etwa im November 1914 ein junger Soldat, um Heimweh nach Freunden und Eltern und die äußerlich wie innerlich empfundene Kälte »in verlassener Weite« irgendwo »im Feld« auszuhalten. Die Familie habe nur »Kaninchenstallwärme« zu bieten, in die es kein Zurück mehr geben könne und solle. Und weiter: »Wahrhaftig, das Kaninchen in Dir ist etwas, was überwunden werden muss« (Erich Krems, 14.11.1914, N 35, Nr. 658, Archiv der deutschen Jugendbewegung). Das klingt sehr nach Nietzsches *Zarathustra*, in Anlehnung an folgende Zeilen etwa:

> »Der Mensch ist Etwas, das überwunden werden soll. Was habt ihr getan, ihn zu überwinden? Alle Wesen bisher schufen Etwas über sich hinaus: und ihr wollt die Ebbe dieser großen Flut sein und lieber noch zum Tiere zurückgehen, als den Menschen überwinden? Was ist der Affe für den Menschen? [...] Einst wart ihr Affen, und auch jetzt noch ist der Mensch mehr Affe, als irgendein Affe« (Nietzsche 1883/1885, S. 8).

Im Ersten Weltkrieg dann sollten sich »Appelle an den Willen« gleichsam »zu einem wahren Trommelfeuer« verdichten (Radkau 1998, S. 379). Sie waren nicht nur an junge Kriegsfreiwillige gerichtet, sondern – wie im Folgenden zu zeigen sein wird – auch an Jugendliche und Kinder. Sie gerieten während der Kriegsjahre in den Sog einer »Willensrhetorik« (ebd., S. 373), die »jedes noch nicht in dieser Epoche von Eisen, Blut und Elend fühllos gewordene Herz ergreifen musste« (Reischl 1922/1923, S. 49).

3. Kinder und Heranwachsende im Krieg

3.1 Zwischen Begeisterung und Ernüchterung

Natürlich lässt sich nicht pauschal von ›den‹ Kriegskindern des Ersten Weltkriegs sprechen; sie sind vielmehr nach Jahrgangs- und Erfahrungsgruppen zu differenzieren. Es macht sicher einen Unterschied, ob sie die Kriegsjahre als Heranwachsende, als Säuglinge oder als Kleinkinder erlebten. Zu berücksichtigen ist ferner, ob sie in sozial prekären Verhältnissen, in Großstädten wie Berlin beispielsweise, aufwuchsen, oder in ländlichen Regionen; ob sie eine – trotz der Zeitumstände – halbwegs behütete Kindheit hatten oder massiv und über einen längeren Zeitraum hinweg Krisensituationen ausgesetzt waren. Wenngleich sich die Kriegs›erwartung‹ bereits Monate vor dessen Ausbruch in einer geradezu ›nervösen‹ Anspannung in Politik und Medien zugespitzt hatte, nahmen viele Kinder und Jugendliche den Sommer 1914 wohl dennoch recht unbeschwert bzw. anfänglich ›wie gewohnt‹ wahr, und in ländlichen Regionen mussten sie vielfach bei der Ernte helfen. Manche verbrachten ihre Ferien mit Eltern und Geschwistern, zum Beispiel bei den Großeltern, andere unternahmen Gruppenwanderungen mit Gleichaltrigen. Dennoch lag der Krieg spätestens mit der Ermordung des österreichischen Thronfolgers in Sarajevo im Juni 1914 gleichsam ›in der Luft‹. Es sei fast nur noch vom Krieg gesprochen worden, heißt es in manchen rückblickenden Erinnerungen; ein Fieber habe alle ergriffen und es seien fast nur noch Soldatenlieder gesungen worden, ohne den Ernst mancher Strophe zu begreifen (vgl. Stambolis 2014a).

Abbildung 6: Kriegsspiel in einem Kinderheim in Salzuflen 1914

Keine Einzelwahrnehmung dürfte auch die Erinnerung Sebastian Haffners (1907–1999) sein, das Jahr 1914 habe einen ersten tiefen Einschnitt in seinem Leben bedeutet:

> »Der Ausbruch des vorigen [sic!] Weltkrieges, mit dem mein bewusstes Leben wie mit einem Paukenschlag einsetzt, traf mich [...] in den Sommerferien. [...] Am 1. August 1914 hatten wir noch gerade beschlossen, das Ganze nicht ernst zu nehmen und in unserer Sommerfrische zu bleiben. Wie saßen auf einem Gut in Hinterpommern, sehr weltverloren, zwischen Wäldern, die ich, ein kleiner Schuljunge, kannte und liebte wie nichts anderes auf der Welt. Die Rückkehr aus diesen Wäldern in die Stadt, alljährlich, Mitte August, war das traurigste, unerträglichste Ereignis des Jahres für mich. [...] Am 1. August lag es noch um zwei Wochen fern – eine Unendlichkeit. [...] das Wort ›Abreise‹ [...] klang für mich genau so, als ob man gesagt hätte: ›Vielleicht müssen wir morgen schon sterben‹. Morgen – anstatt nach einer Unendlichkeit von zwei Wochen!« (Haffner 2002, S.14f.).

Er sei dann allerdings »binnen weniger Tage zum fanatischen Chauvinisten und ›Heimkrieger‹« geworden.

> »Was zählte, war die Faszination des kriegerischen Spiels: eines Spiels, in dem nach geheimnisvollen Regeln Gefangenenzahlen, Geländegewinne, eroberte Festungen und versenkte Schiffe ungefähr die Rolle spielten wie Torschüsse beim Fußball oder ›Punkte‹ beim Boxen« (ebd., S. 21).

Es kann jedoch keineswegs nur von Kriegsbegeisterung gesprochen werden. Gerade Kinder und Heranwachsende bekamen viel von der Anspannung und »Nervosität« der Erwachsenen und einem irritierenden allgemeinen Unruhezustand mit. Der Religionsphilosoph Josef Pieper (1904–1994), in der Nähe von Rheine geboren, erinnerte sich in seiner Autobiografie rückblickend an den Kriegsausbruch 1914, den er als Schüler des Gymnasiums Paulinum in Münster miterlebt hatte: »An den Straßenecken wurden Extrablätter ausgerufen; Studentengruppen zogen singend durch die Stadt. Etwas zugleich bedrückend und erregend Undurchschaubares bereitete sich vor.« Er habe vor Aufregung keinerlei Hunger mehr verspürt und sei »plötzlich in lautes Weinen« ausgebrochen (Pieper 1976, S. 32); in seiner Familie hätten Angst und Verwirrung geherrscht. Irritierend sei für ihn als Zehnjährigen vor allem gewesen, dass sein Vater sich habe »stellen« müssen, und zwar »hinter der evangelischen Kirche«, was er als katholisch erzogener Junge nicht verstanden habe. Die Erwachsenen hätten sich »unüblich« verhalten: Seine Mutter habe weinend auf Plattdeutsch – der Mundart, die ihr als Gefühlssprache

Abbildung 7: Namenstagskarte, Kind in Uniform, Empfänger: Aug. Winnemöller, Rheine

vertraut war – gefragt: Wenn der Vater nun nicht wiederkomme? Dieser habe – ebenfalls »entgegen der Gewohnheit« – die Familie gesegnet. »Aus der Bahn geworfen« und »bedrückt« habe er sich gefühlt, so Pieper, bevor die Dinge dann ihren Lauf genommen hätten, das heißt erste Siege gefeiert worden seien und die Schüler seiner Schule unter anderem den einberufenen Lehrern Briefe ins Feld geschrieben hätten (ebd., S. 33).

Aufgeregte Menschen, die patriotische Lieder wie *Heil Dir im Siegerkranz*, *Deutschland über alles*, *Stolz weht die Flagge schwarz-weiß-rot*, *Oh Deutschland hoch in Ehren* oder *Frisch auf Kameraden aufs Pferd* gesungen hätten, gehörten auch für den Frankfurter Handwerkersohn Paul Müller, ebenfalls Jahrgang 1904, zu den deutlichsten Kindheitserinnerungen an den Kriegsausbruch. Außerdem hatte er beobachtet, wie eine »wütende Menge einen dunkelhaarigen, jungen Mann verprügelte, weil er ein französischer Spion sei«. Gerüchte seien in Umlauf gewesen, dass »feindliche Agenten« begonnen hätten, »Brunnen zu vergiften« oder »feindliche Flieger« bereits ihren Angriff auf deutsche Städte gestartet hätten. Schilder mit französisch klingenden Namen wie Café, Restaurant, Coiffeur oder Friseur seien zerstört worden. »Es setzte aber auch ein Sturm auf die Geschäfte ein. Die Hausfrauen kauften riesige Mengen von Lebensmitteln und Kleidungsstücken« (Müller 1984, S. 89).

Im Winter 1914/1915 war die Zivilbevölkerung an der ›Heimatfront‹ bereits in hohem Maße mit der ›Wirklichkeit‹ des Krieges konfrontiert. Schon jetzt zeichnete sich deutlich ab, dass die Kriegsauswirkungen das Leben von Kindern und Jugendlichen ebenso grundlegend veränderten wie das der jungen Soldaten, die sich zunächst mit Enthusiasmus ›an die Front‹ gemeldet hatten, um zu beweisen, dass sie erwachsen geworden waren, indem sie ihr Leben aufs Spiel setzten. Ab November 1914 nahmen Schilderungen der Grausamkeit auf den Schlachtfeldern und Berichte über den Tod »der jungen Freiwilligen bei Langemarck« in Feldpostbriefen und in der öffentlichen Kriegsberichterstattung zu. Langemarck und Ypern standen symbolisch für die zahlreichen Opfer des Stellungskrieges und der deutschen Kriegsniederlage in Flandern und Nordfrankreich, die fortan als »Opfergang« der deutschen Jugend in die Geschichte und die Erinnerung an den Ersten Weltkrieg eingehen sollte (vgl. Krumeich 2001). Gleichwohl gab es auch Jugendliche, die sich trotz der verlustreichen Kämpfe in

Flandern und Nordfrankreich noch danach sehnten, »im Felde zu stehen«. So schrieb ein Heranwachsender aus Dortmund am 23. Februar 1915 an seinen Bruder, wie verzweifelt er sei, dass sein Vater ihm nicht erlaube,

> »in den Krieg zu ziehen. Der Grund ist, dass Papa fürchtet, ich könnte fallen oder zum Krüppel geschossen werden. Selbst wenn ich als vollkommen dienstfähig befunden würde, will Papa mich nicht gehen lassen [...] Wenn alle so dächten. Die jungen Leute gehören in die Front. [...] In unserer Ortsgruppe sind jetzt nur noch 50 Mann [...] und sechs halten Bahnhofsdienst (außerdem stehen 31 im Feld, davon 8 gefallen)« (Archiv der deutschen Jugendbewegung A 2-08/13).

Ähnlich patriotisch, wenngleich weniger im Sinne soldatischen ›Tatendrangs‹ als vielmehr in Form literarischer bzw. lyrischer ›Bekenntnisse‹ äußerte sich Günther Anders (1902–1992), der Sohn des Psychologen William Stern. Seine *Gedichte eines 12½ jährigen Knaben* (Stern 1916, S. 52–56) sind vaterländische Bekundungen eines Jungen aus gebildetem Hause mit Kenntnissen der antiken Geschichte und der aktuellen Literatur, unter anderem von Sven Hedins (1865–1952) *Ein Volk in Waffen* (Hedin 1915), das er seiner Mutter, der Psychologin Clara Stern (1877–1948) zum Geburtstag geschenkt und mit einer Widmung in Versen versehen haben soll (Stern 1916, S. 53). Der Schriftsteller und Philosoph Anders hat zu seinen Kriegswahrnehmungen als Schüler aus zeitlicher Distanz im Alter die Information ergänzt, als 15-Jähriger sei er erstmals beinamputierten Soldaten begegnet, was seine Sicht auf die Welt entscheidend verändert habe:

> »Unterwegs, auf einem Bahnhof, wohl in Lüttich, sah ich eine Reihe von Männern, die sonderbarerweise an den Hüften anfingen. Das waren Soldaten, die man auf ihre Stümpfe gestellt und an die Wand gelehnt hatte. So warteten sie auf den Zug in die Heimat« (Greffrath 2002, o. S.).

Das Entsetzen angesichts solcher schockierender Bilder führte offenbar nicht nur in Einzelfällen zu einer wachsenden Distanz gegenüber den zu Kriegsbeginn verbreiteten patriotischen Gefühlen (vgl. Lennhoff 1983).

Nicht immer waren jedoch solche Begegnungen und drastischen Eindrücke nötig, um der Kriegsbegeisterung ein Ende zu setzen. Aus den 1917 beginnenden Tagebuchaufzeichnungen der 1901 geborenen Gertrud Vosseler ist vielmehr zu entnehmen, dass sich eine Ahnung bevorstehender ›eiserner Zeiten‹ allmählich zur Gewissheit verdichtete, die mit dem Wissen um das unwiederbringliche Ende unbeschwerter Kindheits- und Jugendjahre einherging. Anlässlich ihrer Konfirmation im April 1916 in Stuttgart notierte die Schülerin, der Pfarrer habe darüber gesprochen,

> »was wohl die Gedanken der im Felde weilenden Väter und Brüder sein werden, nämlich dass eine eiserne Zeit auch eine eiserne Jugend braucht, die alle Mühen und Lasten mit eisernem Willen auf sich nimmt, dass eine harte Zeit auch einer harten Jugend bedarf, die nicht verweichliche, die sich in Selbstzucht und Selbstverleugnung übe [...] alles zum Großen beitrage, dass eine Zeit wie die unsrige auch einer opferwilligen Jugend bedarf, die alles hingibt, sogar Leib und Leben im Dienste fürs Ganze« (Privatbesitz Waltraud Rose Reiber).

Abbildung 8: Die Schülerin Gertrud Vosseler (1901–1981), Bildmitte, mit Klassenkameraden beim Laubheu-Sammeln für Pferdefutter im Juli 1918

Der Krieg bestimmte in vielfacher Weise zunehmend das Leben der Zivilbevölkerung und auch der Schulkinder, für die der ›Ausnahmezustand‹ im Unterricht zum Alltag wurde. Um nur einige Beispiele zu nennen: Kriegsschauplätze und Frontverläufe waren Gegenstand der Erdkunde-Stunden, im Musikunterricht wurden patriotische Lieder gesungen und in Physik stand die Technik von Flugzeugen und U-Booten im Mittelpunkt des Lehrplans. Bei Jungen wurde vonseiten der Lehrer vor allem ein auf die zeittypische geschlechtsspezifische Erziehung zurückzuführendes ausgeprägtes Interesse an technischen Fragen der Kriegführung beobachtet, während Mädchen ein starkes

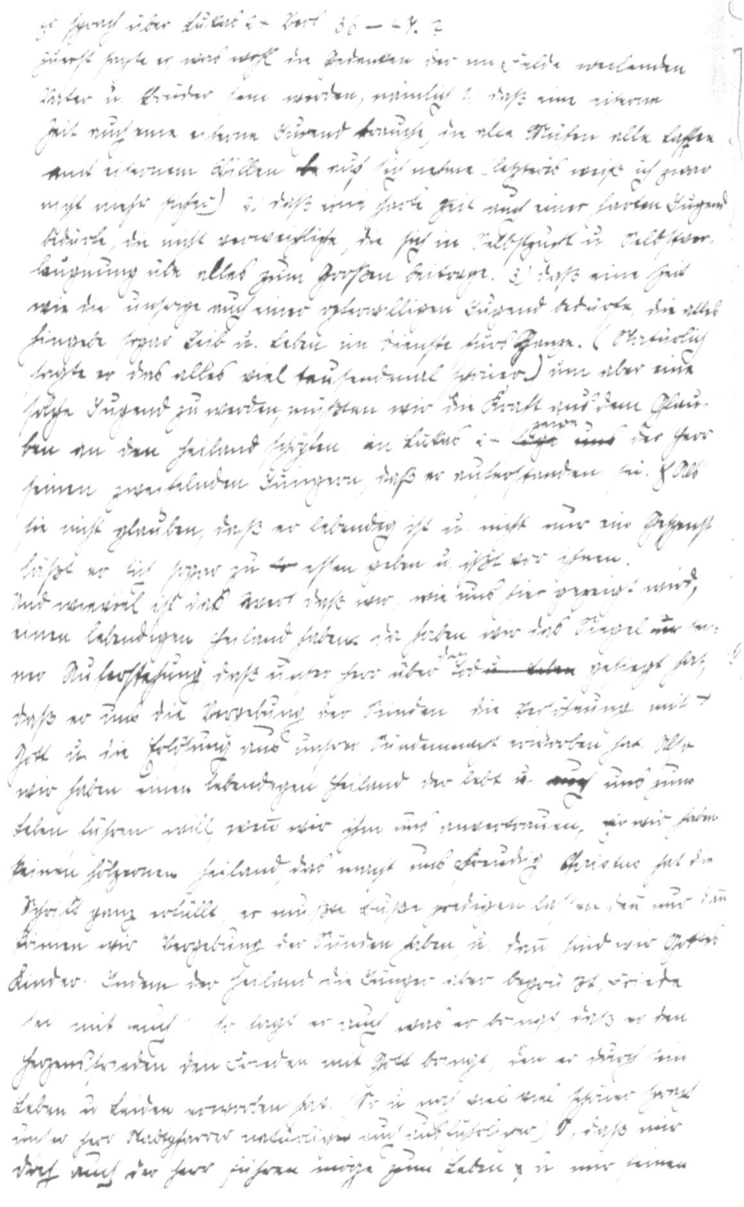

Abbildung 9: Auszug aus dem Tagebuch, das Gertrud Vosseler von 1917 bis 1922 führte

Mitgefühl für die Leidenden entwickelt haben sollen (Mann 1916, S. 75–82). Welche ›Inhalte‹ im Zentrum des schulischen Alltags stehen sollten, vermittelte beispielsweise eine 1915 im ganzen Reich verbreitete Broschüre: Informationen über Kriegsschauplätze und Kriegsereignisse sollten die Schüler auf dem Laufenden halten, und das Interesse am Krieg wurde mit Aufsätzen und Gedichten über soldatische Tugenden und ›Opfer für das Vaterland‹ gefördert. Der direkten Vorbereitung auf den Militärdienst für die männliche Jugend dienten Exerzier- und Geländeübungen, bei denen auch der Umgang mit Schusswaffen auf dem Programm stand.

Während des Krieges wurde der Unterrichtsalltag neben den traditionellen Anlässen (wie der Feier von Geburtstagen oder Jubiläen des Herrscherhauses) zusätzlich aufgrund von ›Siegesmeldungen‹ unterbrochen. Der Unterricht fiel auch dann aus, wenn »Liebesgaben« für Bedürftige verteilt oder Besuche in Lazaretten abgestattet wurden, und auch die Beteiligung der Schulen an insgesamt neun Kriegsanleihen, das heißt an Wertpapiereinlagen zur Finanzierung des Krieges, sorgte für freie Tage. Es überrascht daher nicht, dass Schüler allmählich geradezu eine Erwartungshaltung bezüglich solcher Anlässe entwickelten. Im April 1918 etwa schrieb ein Junge aus Paderborn an den Kaiser (und zwar an folgende Adresse: »Seiner Majestät Dem Deutschen Kaiser z.Zt. Großes Hauptquartier«) folgende Zeilen:

> »Euer Majestät! Ich muss zu meinem Leidwesen berichten, dass wir bis jetzt noch keinen freien Tag für die Kriegsanleihe bekommen haben. Wir haben 63.600 Mark gezeichnet. Ich bin Schüler des ›Königlichen Gymnasiums‹ zu Paderborn. Ich würde mich sehr beglückt fühlen, wenn Eure Majestät einen Brief an mich adressieren würden« (Landesarchiv Münster, Provinzialschulkollegium 6703).

Dass Schüler und Schülerinnen sich in diesen Verhältnissen ›einrichteten‹, belegt eine ganze Reihe von Beispielen. In Gedichten äußerten sie bisweilen unbefangen ihre Freude über den Schulausfall, so zum Beispiel überliefert von einer elfjährigen Volksschülerin in einem Gedicht vom Februar 1915, in dem es heißt: »Heil General-Feldmarschall Hindenburg Dir!/Du unser Befreier, wir danken Dir!/So wurde beim Sieg gesungen. Und als er vorbei/Da war auch ein Tag noch – schulfrei!« (Stern 1916, S. 26)

Unter Lehrern und Schulleitern sowie in der regionalen Kultusverwaltung gab das Ausmaß des ›Ausnahmezustands‹ wiederholt Anlass zu Bedenken und Protesten. Der Direktor einer Realschule in Schwelm übte bereits 1916 deutliche Kritik: Es gebe auch andere Arten, solche bedeutenden Ereignisse wie Schlachtenerfolge zu feiern. Die Sorge von Pädagogen verstärkte sich im Laufe der Kriegsjahre auch deshalb zusätzlich, weil zahlreiche Lehrer die Fachkräfte aufgrund des Kriegsdienstes oft nur in unzulänglicher Weise ersetzen konnten. Zeitweise drohte sogar mancherorts der reguläre Unterricht unter ein Minimum von zwölf Stunden in der Woche zu sinken, und zwar infolge der sich dramatisch verschlechternden Versorgungslage der Zivilbevölkerung.

Dass die unterschiedlichen sozialen Bedingungen des Aufwachsens stets mitberücksichtigt werden müssen, sei lediglich an einem Beispiel deutlich gemacht. So waren die Volksschulen vom Unterrichtsausfall stärker betroffen als die weiterführenden Schulen; Volksschüler konnten sich an den diversen Spendenaktionen weniger beteiligen als Realschüler und Gymnasiasten, denn in ihren Familien wurden alle zur Verfügung stehenden Mittel für die Existenzsicherung benötigt. Roger Chickering hat die Facetten der sich während des Krieges verschärfenden sozialen Ungleichheit, gegen die sozialdemokratische Politiker beispielsweise in Freiburg heftig protestierten, folgendermaßen zusammengefasst: »Wie die Volksküchen waren auch die Volksschulen Stätten, an denen sich die Armen versammelten, um Fürsorge entgegenzunehmen. Für die ärmsten Kinder [...] war das wichtigste Unterrichtsfach das Frühstück« (Chickering 2009, S. 481).

3.2 Hungerjahre an der ›Heimatfront‹

Die Kriegsjahre, so schrieb der bereits zitierte Josef Pieper im Rückblick, seien ihm insgesamt gesehen als »eine einzige graue Kargheit« im Gedächtnis geblieben: Er erinnere sich in erster Linie an magere Milch, Steckrüben, »klumpsig-nasse Brotschnitten« und »Ersatz«-Produkte (Pieper 1976, S. 34). Unterschiedlichste Quellen bestätigen diese persönlichen Erfahrungen. Der ebenfalls bereits erwähnte Paul Müller schrieb in seinen Erinnerungen:

> »Die Bauern hielten ihre Produkte zurück und die Seeblockade verhinderte die Einfuhr ausländischer Waren [...] Ich war in dieser Zeit dauernd in der Stadt unterwegs, um irgend etwas zu ergattern. Einmal hieß es ›beim Latscha gibt's Rüböl‹. Ich holte schnell zu Hause eine Flasche und stellte mich in der Schlange an, zitternd ob ich auch noch dran käme. Es klappte. Strahlend schleppte ich den Viertelliter [...] nach Hause. Ich drückte an der Haustür auf den Klingelknopf. Die Flasche entglitt meiner Hand und zerschellte am Boden. Schreiend rannte ich die Treppe hoch [...], warf mich auf den Boden und schluchzte hemmungslos. Mit Fieber lag ich später im Bett und der Arzt meinte, ich habe einen richtigen Nervenschock erlitten« (Müller 1984, S. 98f.).

Detaillierte Berichte über den bedrückenden Alltag finden sich auch in Schulchroniken, im Schriftverkehr zwischen regierungsamtlichen Stellen, Landräten und Schulinspektoren, in Briefen von Schuldirektoren, schriftlich überlieferten Schüleräußerungen oder Presseberichten. Die Ernährungssituation erwies sich als eine der Hauptlasten des Krieges an der ›Heimatfront‹. Das Deutsche Reich war vor Kriegsbeginn trotz einer Reihe protektionistischer Maßnahmen darauf angewiesen, zu rund 30 Prozent Nahrungsmittel, darunter tierische Fette und Futtermittel, aus dem Ausland einzuführen. Die mit Kriegsbeginn verhängte englische Seeblockade führte schon bald zu erheblichen Versorgungsengpässen, die ebenso wenig vorausgesehen worden waren wie die Dauer des Krieges. Angesichts unzulänglicher amtlicher Maßnahmen und einer sich rasch verschlechternden Lage wurden deshalb – zusätzlich zur laufenden Berichterstattung über den Krieg und der Behandlung ›kriegswichtiger‹ Themen – in wachsendem Maße Ernährungsfragen im Unterricht behandelt. Lehrer und Lehrerinnen verteilten in den Schulstunden Flugschriften über das Herstellen von Kartoffelgerichten, nutzbringenden Gemüseanbau oder die Verwertung von Obst und mahnten ihre Schüler, grundsätzlich mit Lebensmitteln höchst sparsam umzugehen.

Darüber hinaus wurden Kinder vor allem während der Nachmittagsstunden zum Sammeln von Waldfrüchten, Nüssen, Bucheckern und anderen Naturprodukten angehalten; vonseiten der Schulen oder Jugendverbände wurden sie zum Ernteeinsatz aufgerufen oder zur Schädlingsbekämpfung in der Landwirtschaft eingesetzt.

Abbildung 10: Schulkinder beim Wegräumen von Spaltholz, Minden-Lübbecke/Stemwede/Levern, 1916

Ein Plakat warb zum Beispiel für die »Jagd« der Jugend auf Kohlweißlinge und seine Raupen, die der Verteidigung des Vaterlandes im Krieg zur Seite stehen sollte: »Deutsche Jugend. Auf, auf zum Kampf gegen den gefährlichsten Engländer unserer Kraut- und Kohlpflanzen [...] 100 Kinder töten [...] in einem Tag eine Million solche Schädlinge und erwerben sich dadurch den Dank ihrer Angehörigen und des ganzen Vaterlandes« (Plakatsammlung Landesarchiv Detmold).

Angesichts der sich verschlechternden Ernährungslage appellierten geistliche Oberhirten an die Gläubigen, notleidende Kinder aus Industriegebieten und Großstädten aufzunehmen, deren Versorgung sich als besonders problematisch erwies. So wurden Hagener Kinder im Sommer 1916 auf Initiative eines Geistlichen in der ländlichen Umgebung von Herford für mehrere Monate in Familien untergebracht. Ähnliche Hilfsmaßnahmen sind aus dem Kreis Lübbecke in Westfalen überliefert, wo Kinder aus Bochum, Dortmund, Herne und Oberhausen in den Ferien Aufnahme fanden. Die berechtigte Sorge um die Ernährung der Kinder erreichte im Winter 1916/1917, der als »Steckrübenwinter« in die Erinnerung an den Ersten Weltkrieg einging, einen Höhepunkt (vgl. Roehrkohl 1991; Chickering 2009). Es kursierten alarmierende Berichte, dass zahlreiche Kinder unterernährt, blass und so erschöpft seien, dass sie am Morgen in der Schule einschliefen. Paul Müller schrieb in seinen Erinnerungen, er sei »klapperdürr« gewesen und habe 1917 »unter einem dauernden Brechreiz« gelitten. »Stundenlang wand ich mich in Krämpfen und Qualen und versuchte aus dem leeren Magen etwas herauszubringen.« Der Arzt habe gemeint, er sei »völlig unternährt und es gäbe nur ein Rezept: Mehr essen!« (Müller 1984, S. 101).

In manchen Gegenden wurden im Winter 1916/1917 die Weihnachtsferien verlängert, um Kohlen zu sparen und um die ohnehin physisch und psychisch geschwächten Kinder nicht noch zusätzlichen Strapazen auszusetzen. Besonders berücksichtigt wurden Säuglinge und Kleinkinder (siehe Kapitel 3.5), denen unter anderem Sonderrationen an Zucker und Grieß zustanden und für die »Kriegsmilchküchen« eingerichtet wurden.

Abbildung 11: Kriegsmilchküche in Münster/Westfalen am Neutor, 1916

Es liegt auf der Hand, dass die Kinder in Städten in besonderer Weise von der Hungersnot betroffen waren. Am Beispiel Freiburgs sind die Ernährungsverhältnisse ausführlich untersucht und die sozialen Unterschiede verdeutlicht worden (vgl. Chickering 2009). In zeitnahen Quellen sind auch Hamburg und insbesondere Berlin als stark betroffen beschrieben worden. Gertrud Bäumer etwa führte für beide Städte Beispiele an, dass Kinder kaum noch einen anderen Gedanken als den an das Essen fassen konnten. Ein Berliner Volksschulkind beispielsweise habe in einem Aufsatz über einen Ausflug in den Grunewald geschrieben: »Da gefiel es uns sehr gut, da hörte man auch nichts von die Lebensmittel [sic!]« (Bäumer 1930, S. 11). Zu Weihnachten hätten sich, so Bäumer weiter, Vorschulkinder in Hamburg ausgemalt, was sie sich am meisten wünschten; hier eine von ihr zitierte Antwort: »›[Z]ehn Laib Brot essen und dann schlafen, und dann wieder zehn Laib Brot essen und dann wieder schlafen, und immer so weiter‹« (ebd., S. 121).

Nur für Kinder bis zum vollendeten 1. Lebensjahr!

Nicht übertragbar!
Lipp. Wirtschaftsgemeinschaft.
Bezugsschein
für das Kind
....
gültig zum Bezuge von
1000 gr. Zucker
und 250 gr. Grieß
die bei einem Bezirksgeschäft der L. W. G. bezogen werden können.
Wer Karten fälscht, kauft oder verkauft, wird mit Gefängnis bis zu 6 Monaten oder mit Geldstrafe bis zu 10000 Mark bestraft.
Nur gültig bis zum 30 Novbr. 1918.

Lippische Wirtschaftsgemeinschaft Lemgo

Abbildung 12: Lebensmittelkarte »für Kinder bis zur Vollendung des ersten Lebensjahres« aus dem Jahre 1918 mit dem Stempel des Lippischen Wirtschaftsamtes Lemgo

»Am unteren Ende der Ernährungshierarchie« befanden sich zweifellos diejenigen Kinder, Heranwachsenden und jungen Erwachsenen, die aus familiären Gründen und/oder aufgrund ihrer ›Behinderung‹ in Heimen und ›Anstalten‹ lebten (vgl. Schmuhl/Winkler 2012, S. 190). Sie hatten während des Krieges nur selten Fürsprecher und Unterstützer (Bonhoeffer 1928, S. 261f.; Schmuhl/Winkler 2012, S. 213). Im Wittekindshof bei Minden beispielsweise, einer diakonischen Einrichtung für geistig behinderte Menschen, in der Erwachsene und Kinder untergebracht waren, nahm in den Jahren des Ersten Weltkriegs die Sterblichkeit der ›Insassen‹ auf beunruhigende Weise zu; die ›Pfleglinge‹, darunter viele Heranwachsende, hungerten, verloren an Gewicht, waren geschwächt und litten vermehrt an Magen- und Darmkrankheiten.

Die Leiden dieser Benachteiligten sind nur lückenhaft aus schriftlichen Quellen rekonstruierbar, einige jedoch haben sich erhalten, und auf ein Schicksal sei an dieser Stelle hingewiesen. Otto P., um 1900 geboren und seit 1909 im Wittekindshof, starb im April 1917: 1914 hatte er sich körperlich noch in einem guten Zustand befunden, zu Beginn des Jahres 1916 war er laut ärztlichem Befund bereits »sehr schwächlich«, im Winter 1916/1917 galt er als »abgemagert« (es seien Anzeichen von Tuberkulose festzustellen, hieß es), im April 1917 starb er schließlich »an allgemeiner Körperschwäche« (Schmuhl/Winkler 2012, S. 199).

3.3 Abwesende Väter

Stärkeres Mitgefühl als ›behinderten‹ Kindern und Jugendlichen galt den Waisen, die kriegsbedingt ohne Vater aufwuchsen. Sowohl an Lehrer wie an Schüler ergingen Aufrufe, Kriegswaisen zu unterstützen. In einem Appell unter der Überschrift »Deutsche Jugend, opfere Deine Sparpfennige den Kriegerwaisen« stand das Stichwort »Opfer« im Mittelpunkt:

> »Nun kennen wir den Krieg. Wir erleben ihn. [...] er lehrt uns, unsern Kaiser lieb zu haben, er zwingt uns, einig und stark zu sein, er fordert viele, viele Opfer von uns – auch von den Kindern. Wisst ihr, welches das größte Opfer für die Kinder ist? Den Vater zu opfern. Das ist schwer. Das macht Kummer

und Herzeleid. Und doch müssen Tausende und Tausende Deutscher Kinder dieses schwere Opfer tragen. Sie sehen ihren Vater in den Krieg hineinziehen, und er kehrt nicht wieder. Er ist draußen im fremden Lande für das Vaterland gestorben – auch für uns. Die Kinder sind Waisen geworden. Der Vater wird ihnen fehlen immer und immer, ihr Leben lang [...] Ihr deutschen Kinder alle, helft ihnen, ihr könnt es, wenn ihr einig und stark zusammensteht, wie es deutschen Kindern ziemt. Seid dankbar! Denkt, dass ihr noch einen Vater habt!« (Landesarchiv Detmold M 1 II Nr. 3293, 20)

Der 1915 gegründete Verein »Jugendspende für Kriegerwaisen« nahm sich der Kriegswaisen an und warb unter anderem mit einem *Deutsche Kinder* überschriebenen Gedicht um Aufmerksamkeit für die ›Vaterlosen‹: »Viel Väter ziehn in den Krieg hinein/Und mancher kehrt niemals wieder./Die Waislein bleiben verlassen zurück –/Wir wollen in Dank ihrer Gedenken/Und ihnen Trost und Hilfe und Glück/Als Kinder den Kindern schenken« (Landesarchiv Detmold M 1 II Nr. 3293, 21). Dem Vorstand gehörten der Essener Oberbürgermeister, die Frauenrechtlerin, Politikerin und Vorsitzende des »Allgemeinen Deutschen Lehrerinnenvereins« Helene Lange (1848–1930) sowie ein Bochumer Schulrektor an, der zugleich Vorsitzender des »Katholischen Lehrerverbandes« war. Dieser Verein wurde vom preußischen Kultusministerium unterstützt und stand unter der Schirmherrschaft von Kronprinzessin Cecilie, die mit Kronprinz Wilhelm, dem ältesten Sohn Kaiser Wilhelms II, verheiratet und in der Öffentlichkeit sehr beliebt war. Diese prominent unterstützte Vereinsinitiative zur Sammlung von Spenden für Kriegswaisen fand breiten Widerhall.

Auch bekannte sozial engagierte Frauen, unter ihnen Alice Salomon (1872–1948), Hedwig Dransfeld (1871–1925) und Hertha Siemering (1883–1966), setzten sich nachdrücklich für verwaiste Kinder »gefallener Krieger« ein (Salomon 1914/1915; Anonym 1915). Ihre Zukunft wurde auf Tagungen und in Parlamentspetitionen diskutiert, wobei ihre große Zahl von etwa 600.000 zunächst nicht vorhergesehen wurde. Um ein konkretes Beispiel zu geben: In Freiburg, wo mehr als die Hälfte der Kinder die überwiegende Kriegszeit ohne Vater verbrachte, stieg die Zahl der Waisen, die in öffentlichen Fürsorgeeinrichtungen untergebracht waren, im Laufe des Krieges um 28 Prozent (Chickering 2009, S. 477f.).

Weitgehende Einigkeit bestand darüber, dass man die Kriegswaisen nicht »der Armenpflege überlassen« dürfe (Landsberg 1915). Für die Vaterverwaisten wurden ›Kriegspaten‹ gesucht, und der um die Jahreswende 1916/1917 gegründete »Reichsverband für Kriegspatenschaften« gab als Vereinszweck an, »das Vermächtnis der Gefallenen« zu erfüllen und dazu beizutragen, »dass deren Kinder zu tüchtigen, an Leib und Seele gesunden Menschen erzogen« würden (Anonym 1917a). Eigens dafür vorgesehene Fürsorgestellen sollten Bürger, die sich persönlich für die Kriegswaisen einsetzen oder für sie spenden wollten, in solchen Patenschaftsangelegenheiten beraten.

Die Adoption von Kriegswaisen wurde besonders kinderlosen Ehepaaren nahegelegt, aber auch Freunden der Familien, in denen der Vater gefallen war und Halbwaisen zurückgelassen hatte. Besonderer Fürsorge und familiärer Ersatz-Obhut bedürften die »Kriegsdoppelwaisen«, die beide Elternteile verloren hatten, so der Appell des Juristen und späteren Zentrumspolitikers Rudolf Amelunxen (1888–1969).

> »Wollen wir also den Kriegswaisen einen vollwertigen Familienersatz bieten und die Freuden und lebenslänglichen Vorteile einer individuellen Kindererziehung wieder zugänglich machen, dann kann das nur dadurch geschehen, dass wir die armen Kleinen ins eigene Heim aufnehmen, indem wir sie im Wege des Adoptionsvertrages gewissermaßen zu leiblichen Sprossen erwählen« (Amelunxen 1915, S. 5).

Amelunxen, der seine Dissertation über die Unterhaltspflicht von Vätern unehelicher Kinder verfasst hatte, machte zudem auf die besondere Zwangssituation von Müttern unehelicher Kriegshalbwaisen aufmerksam. Für diese Kinder könne bereits eine Pflegestelle ohne Adoption ein Segen sein (ebd., S. 11–13). Unterstützer dieses Gedankens waren namhafte Persönlichkeiten des öffentlichen Lebens, die das Anliegen immer wieder mit dem Argument untermauerten, es handle sich schließlich um »Heldenkinder«. So hieß es beispielsweise: »Möchte dieser Gedanke in weitesten Kreisen Eingang finden, auf dass sich in allen Schichten der Bevölkerung Mutterherzen regen und Vaterarme öffnen, die den verlassenen Heldenkindern den ehrenvollen Tod des Vaters vergelten mit Liebe und sorgsamer Erziehung« (ebd., S. 19).

Die überwiegend verharmlosenden Kriegspostkarten mit Motiven, in denen die »Väter im Krieg« thematisiert wurden, haben wohl wenig dazu beigetragen, die Angst um ihren Verlust zu mildern. Eine Postkarte, 1916 verschickt, zeigt einen kleinen Jungen in Uniform mit Helm und Trommel auf einem Holzpferd, neben ihm seine Mutter, unter der Überschrift: »Was wohl Vater dazu sagt«. Dazu findet sich auf der Karte der Spruch: »Auf dem Pferd, wie angegossen/Sitzt der kleine Reitersmann,/Doch beim Spiel stets wieder fragend:/Wann kommt Vater, Mutter wann?« (Landesarchiv Detmold OWL D 75-13764-34). Auf einer anderen Postkarte werden einem Mädchen, das auf seinen ›Vater im Felde‹ wartet, Worte in den Mund gelegt, die noch die leiseste Ahnung, er könne den Tod finden, ausblenden: »Behüt dich Gott in Feindesland,/ist unser stetes Denken,/Er mög dich uns nach Friedensschluss/Wie vordem wiederschenken« (ebd.)

In manchen Kinderbüchern wurde die Wiederkehr des Vaters als »stolzer Reitersmann« suggeriert (Schug 1988, S. 42; vgl. Presber 1915); das Elend der Kriegskinder kam nur in wenigen Kinderbüchern zur Sprache. Ein Beispiel hierfür stellt das mit Bildern und Versen versehene Kinderbuch *Für unser Kriegskind* aus dem Jahre 1916 dar, in dem sich zu dem Bild eines Kleinkindes in Windeln mit Fahne, Holzschwert und Uniformmütze folgende Sätze finden: »Als Kriegskind kam ich auf die Welt,/Mein Vater ist ein deutscher Held,/Die Mutter weint die Augen rot,/Und alles spricht von großer Not« (Kopp-Römhildt 1916, o.S.).

Tagebuchaufzeichnungen geben Einblick in die Erschütterung und Trauer angesichts der zahlreichen Witwen und Waisen. So schrieb die Ehefrau eines Kreisarztes aus Ahaus im Münsterland am 30. Mai 1916:

> »Am vorigen Freitag […] durcheilte die traurige Kunde Ahaus, dass Gerichtssekretär J. Busen […] bei einem Angriff bei Verdun gefallen war. Er hinterlässt eine ganz junge Frau und ein Kindchen. Wieder ein junges Glück zerstört. […] Vor einem Jahr war Vizefeldwebel Busen hier schwerverwundet (Brustschuss) im Lazarett. Er hat fast ein Jahr gebraucht zu seiner Wiederherstellung, während der Zeit war er hier mit Frau und Kind zusammen. Nun hat ihn die tödliche Kugel doch noch getroffen« (Helming/Fredeweß-Wenstrup 2005, S. 139).

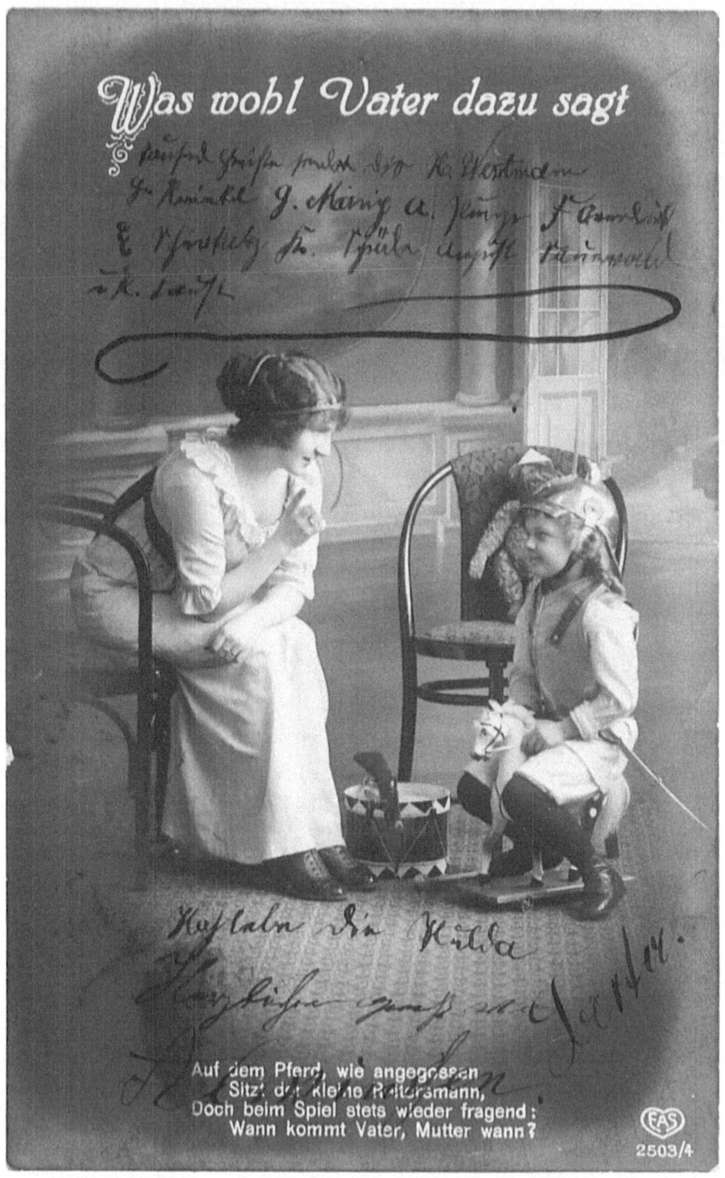

Abbildung 13 und 14: ›Warten auf den Vater‹, Postkartenmotiv aus dem Ersten Weltkrieg

Behüt Dich Gott in Feindesland!
„Behüt' dich Gott in Feindesland",
Ist unser stetes Denken,
Er mög' dich uns nach Friedensschluß
Wie vordem wieder schenken.
7444/1

Treues
Gedenken!
Schau Vaters Bild! In weite Ferne
Sehn wir den Teuern mutig ziehn,
Wie wären wir bei ihm so gerne –
Doch dafür beten wir für ihn.

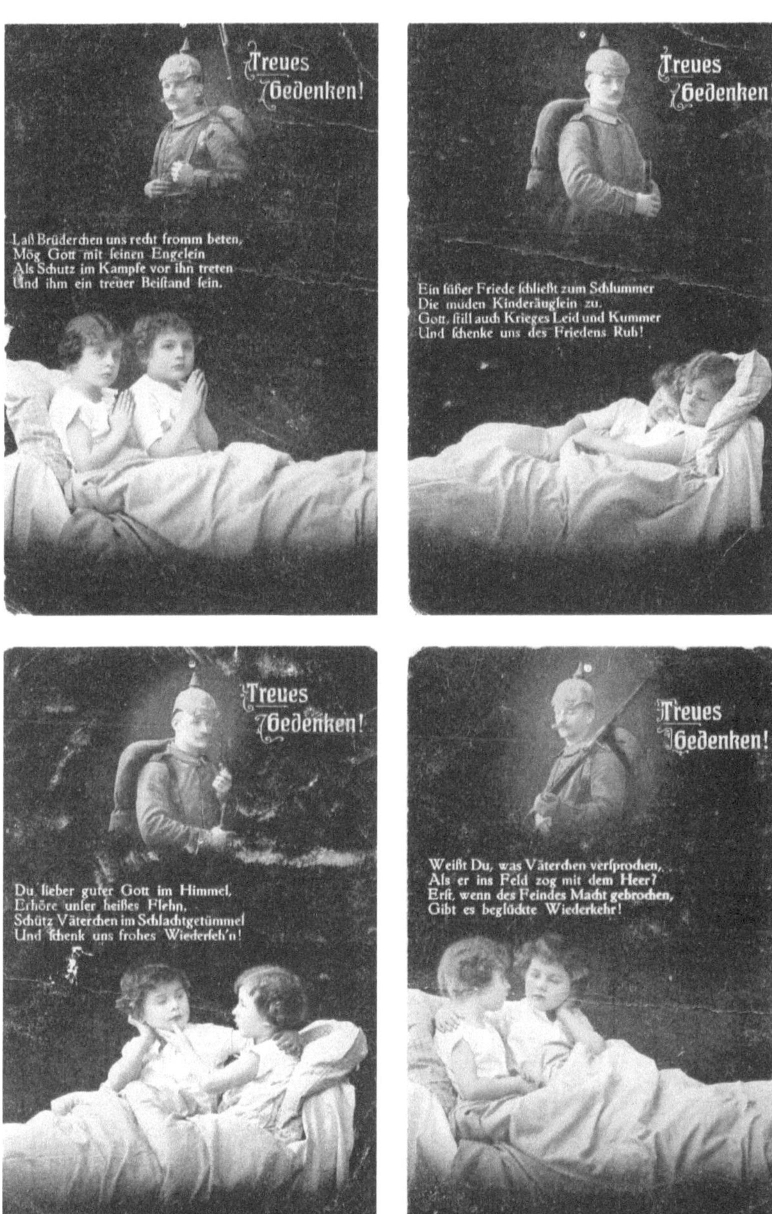

Abbildung 15–19: ›Sehnsucht nach dem Vater‹ als Motiv einer Feldpostkartenserie

Abbildung 20: Vater auf Urlaub. Bauernfamilie mit Kindern, Vater in Uniform, Minden-Lübbecke/Petershagen/Frille, 1914–1918

Das vaterferne Aufwachsen eines Kindes und die ständige Anspannung, die selbst während der kurzen Fronturlaube in den Familien spürbar war, schilderte Gertrud Scupin in ihrer tagebuchartigen Dokumentation des Kriegserlebens von »Bubi«, ihrem 1904 geborenen Sohn, der ab Dezember 1914 als »Quartaner« mit seinem Kriegsvater Briefe austauschte und sich große Sorgen machte, wenn väterliche Nachrichten ausblieben (Scupin 1931, S. 92, 130–133).

In Aufzeichnungen von Kindern waren Tod und Verwundung des Vaters wiederholt ein Thema. Selbst Nachrichten von schweren Kriegsverletzungen schienen für Kinder ein vergleichsweise leichteres Schicksal darzustellen, da sie doch bedeuteten, dass der Vater immerhin überlebt hatte. In einer 1915 veröffentlichten Sammlung *Die Kinder und der Krieg* wurden die Empfindungen eines Jungen, dessen Vater verwundet zu seiner Familie zurückkehrte, folgermaßen geschildert:

> »›Nein, Karlchen, mit dir spielen, das kann der Papa nicht mehr. Er kann nicht mehr laufen und springen.‹ […] Da kletterte der Kleine an seiner

Mutter empor […] und bat: ›Nicht wahr, Mutter du hast bloß Spaß gemacht […] Unser Papa ist noch so, wie zuerst.‹ Die Mutter legte müde ihr tränenfeuchtes Gesicht auf das Köpfchen ihres Jungen, ihre Tränen rannen und netzten auch seine heißen Wangen« (Rothe 1915, S. 51f.).

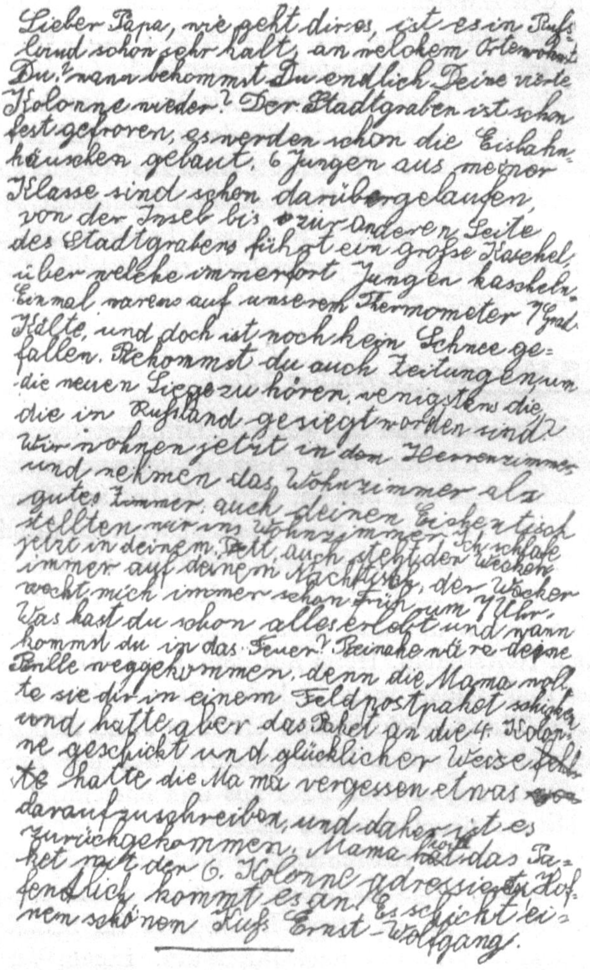

Lieber Papa, wie geht dir es, ist es in Rußland schon sehr kalt, an welchem Orte wohnst Du? wann bekommst Du endlich Deine vierte Kolonne wieder? Der Stadtgraben ist schon fest gefroren, es werden schon die Eisbahnhäuschen gebaut. 6 Jungen aus meiner Klasse sind schon darübergelaufen, von der Insel bis zur anderen Seite des Stadtgrabens führt ein großer Kaschel, über welche immerfort Jungen kascheln. Einmal warens auf unserem Thermometer 7 Grad Kälte, und doch ist noch kein Schnee gefallen. Bekommst du auch Zeitungen um die neuen Siege zu hören, wenigstens die die in Rußland gesiegt worden sind? Wir wohnen jetzt in dem Herrenzimmer und nehmen das Wohnzimmer als gutes Zimmer. auch deinen Eichentisch stellten wir ins Wohnzimmer. Ich schlafe jetzt in deinem Bett, auch steht der Wecker immer auf deinem Nachttisch, der Wecker weckt mich immer schon früh um 7 Uhr. Was hast du schon alles erlebt und wann kommst du in das Feuer? Beinahe wäre deine Brille weggekommen, denn die Mama wollte sie dir in einem Feldpostpaket schicken und hatte aber das Paket an die 4. Kolonne geschickt und glücklicher Weise hatte die Mama vergessen etwas daraufzuschreiben, und daher ist es zurückgekommen. Mama hat das Paket mit der 6. Kolonne adressiert. Hoffentlich kommt es an. Es schickt einen schönen Kuß Ernst-Wolfgang.

Abb. 10. Die erste Karte an den Vater ins Feld. 10 Jahre 6 Monate.

Abbildung 21: Brief des zehnjährigen Wolfgang-Ernst Scupin, genannt ›Bubi‹, an seinen Vater

Ein Kinderbrief enthielt folgenden Satz: »Von meinen Eltern und Herrn Lehrer habe ich schon so viel Grausames von dem großen Krieg in Europa gehört und dass sehr viele Kinder ihren lieben Vater in diesem Krieg verlieren.«

Abbildung 22: »Gelt Mutter, der Vater sorgt schon dafür, dass das Gewitter nicht herüber kommt!« (Olaf Gulbransson). Aus: Simplicissimus, *21. Jg. 1916, Nr. 16, Titelseite*

In literarischen Zeugnissen finden sich auch Hinweise darauf, dass der Gedanke an Frau und Kinder in der ›Heimat‹ die Soldaten ›im Felde‹ mit schmerzlicher Sehnsucht erfüllte, wie ein 1915 entstandenes Gedicht Börries von Münchhausens (1874–1945), *Das Heimweh-Beet*, belegt, das aus der Sicht eines Vaters ›im Felde‹ geschrieben ist: »In Wolken von Reitern gen Osten gestoben,/Umspült von Gefechten, Getümmel und Toben,/[...] in uns allen früh und spät/Blühte heimlich das Heimweh-Beet!« Ein unbekannterer Autor lässt in einem Gedicht zwei Soldaten in einem fiktiven

Dialog von der Heimat und dem Wiedersehen mit der Familie träumen. Der eine denkt an seinen Hof, der andere an seine Frau und seine Kinder (Lieker-Wenzlau 1933, S. 70f.). Einer der Soldaten zeichnet sein Zuhause in den Sand und erklärt seinem Kameraden, was er sich vorstellt:

> »›Hier ist der Scheunenhof, daneben steigen/Neun kleine Stufen in den Park empor,/Hier ist die Hecke, [...] hier das Gartentor/[...]/Und da stehn die Rosen, – ja, jetzt ist die Zeit,/Da duftet unser Garten weit und breit!/Mein Großer sucht die Sorten zu bestimmen,/Mein Kleiner lässt die Wölbeblättchen schwimmen,/Mein Mädel schnuppert an der Knospen Hauch/[...]‹ Und beide werden stumm, und jeder geht/Andächtig durch sein stilles Heimweh-Beet [...].«

Abbildung 23: »Herrgott, heut wär'n Wetter zum Friedenmach'n.« (Olaf Gulbransson). Aus: Simplicissimus, *21. Jg. 1916, Nr. 1, S. 4*

1917 publizierte der Lehrer, Schriftsteller und Kriegsgegner Arnold Ulitz (1888–1971) in der Satirezeitschrift *Simplicissimus* drei Gedichte, die wie Illustrationen zu der oben gezeigten Darstellung eines Soldaten mit zwei

Kindern wirken; ihre ›Anmutungsqualität‹ ist in der Tat bemerkenswert (Ulitz 1917). Es geht um die Frage, wie Kinder die Abwesenheit des Vaters ›fühlen‹, um die Rückkehr eines dem Kind ›fremden‹ Vaters, um kindliche Träume, Trauer und tiefen Schmerz. *Lieder eines Soldaten an sein Kind* sind die Texte überschrieben, in denen es heißt: »Wo ist der Vater? Im Kriege!/Wehe, die Kinder fühlen den Krieg!/Wenn sie der Tür zutraben,/ weil die Treppe knarrt:/Wenn sie denken, da komme einer,/Der sie auf den Schultern zur Mutter trägt!«

Als fiktives Gespräch mit einem Kind, das er kaum kennenlernen konnte und dem er sich vorsichtig als fremd gewordener Mann wieder annähern muss, formuliert Ulitz in einem zweiten Gedicht:

> »Als du ›Vater‹ sagtest zum ersten Mal./Da galt das Wort einem fremden Mann./Der dir einen schönen Apfel gab./Wenn ich einmal wiederkehre zu dir,/Wird dann das Wort, von deinen Augen überstrahlt, Mich ansingen mit dem gleichen Klang?/[...] Ich war in deiner Seele nicht./Als du deine Welt erbautest, lächelnd ernst./Wird dein Vater kein fremd-sprödes Gestein sein/ In deinem lichten Haus?« (ebd.)

Und in einer dritten Variante heißt es:

> »Kleiner Sebastian [...]/Deine Mutter schrieb mir, dass du schon träumen kannst./Und dass du lächelst im Schlafe/Und die zärtlichen Hände hebst./ Denkst Du dann meiner, Kind?/[...] Wenn du meiner noch denkst/Und solltest im Träume traurig werden durch mich./Dann vergiß mich lieber« (ebd.).

Aufschlussreich sind auch die Kinderzeichnungen und -niederschriften, die von William Stern, weiteren Psychologen und auch Lehrern gesammelt wurden, um der Gefühlswelt von Kindern im Krieg auf die Spur zu kommen (Stern 1915, 1916). Dass Kinder stark verunsichert und ängstlich waren, geht aus den Zeugnissen ebenso hervor wie ihre Auseinandersetzung mit dem Tod von Angehörigen, vor allem des Vaters, älterer Brüder und weiterer Männer in ihrer Verwandtschaft. Unter den Mitarbeitern von Stern und einer Breslauer Gruppe von Lehrern, die dem »Bund für Schulreform« angehörten, bestand weitgehende Übereinstimmung, dass das »psychische Verhalten der Schuljugend« keineswegs den Schluss zulasse, dass sie den Krieg im Sinne von Heldengeschichten deute; vielmehr habe sie ein ausdrückliches Gespür für die massive Bedrohung und Gefährdung ihrer Lebenswelt (Stern 1916, S. III). Die Bedeutung kindlicher Gebete für den Frieden gehört ebenso in den seelischen Haushalt der Kriegskinder des Ersten Weltkriegs wie die Verinnerlichung von Tugenden wie Sparsamkeit, Verzichts- und Opferbereitschaft; sie versprachen, der Mutter eine Freude zu machen, indem sie fleißig und – wie an anderer Stelle noch zu zeigen sein wird – tapfer waren, also nicht klagten oder weinten. Leider ist eine ganze Reihe von Quellen, die weiteren Aufschluss über solche psychischen Auswirkungen des Krieges geben könnten, verschollen, darunter auch Aufsätze von ca. 1930, in denen Jugendliche, die in den Kriegsjahren noch Kleinkinder gewesen waren, ihre Erinnerungen an den Krieg aufgeschrieben haben (Siegel 1988, S. 259, 285).

Die Angst um den Vater sowie ihr intensives Bemühen, während seiner Abwesenheit möglichst ›brav‹ zu sein und die Mutter nach Kräften zu unterstützen, dürfte bei Kindern des Ersten und des Zweiten Weltkriegs ähnlich stark ausgeprägt gewesen sein, weil sie Parallelen zwischen den Ängsten der Kinder in den Jahren 1914 bis 1918 und eigenen in den Jahren 1939 bis 1945 entdecken. Psychologen und Pädagogen des 21. Jahrhunderts würden die gesammelten Gedichte, Zeichnungen und Aufsätze von Kindern aus den Jahren 1914 bis 1918 zwar anders interpretieren als die damaligen Experten; nichtsdestotrotz sind deren Beobachtungen und Fragen aber auch nach aktuellem Kenntnisstand der Kriegskinderforschung noch interessant. So ließ sich bei manchen Schülern (Stern 1916, S. 85) die extreme Fixierung auf einen bestimmten Gedanken nachweisen. Dies konnte bedeuten, dass ein Kind kaum mehr etwas anderes zu denken vermochte, als seinem Soldatenvater »ein Paar Ohrenschützer« zu schicken; es verwendete seine ganzen Kräfte auf den verzweifelten Versuch, dem Vater an der Front beizustehen. In aufschlussreichen Materialien und Berichten über *Jugendliches Seelenleben und Krieg* finden sich zudem weitere interessante Befunde und Überlegungen, die einer Neuinterpretation bedürften, so zum Beispiel die Befürchtung, Kinder könnten infolge des Krieges in bedrohlicher Weise gefühlsarm werden und buchstäblich verrohen. Ein Lehrer wunderte sich etwa darüber, dass acht- bis neunjährige Jungen sachlich und ohne Anzeichen von Trauer über den Soldatentod ihrer Väter und älteren Brüder schrieben und sprachen. Alfred Mann wörtlich:

> »Bald fand ich, dass diese Kleinen vom Tode ihrer nächsten Angehörigen offenbar gar nicht schmerzlich berührt waren. Jedenfalls war ihnen [...] keinerlei Trauer [...] anzumerken. Einige plauderten bald in munterem naivem Tone vom Ende ihres Vaters oder Bruders; und ein Junge erzählte zwar freudestrahlend, dass sich sein Bruder das Eiserne Kreuz erworben habe, – dass dieser Bruder später gefallen war, erwähnte er aber kaum. Ganz ähnliche Erfahrungen machte ich bei (noch nicht schulpflichtigen) Kindergartenkindern« (Mann 1916, S. 84).

Ähnliches ist aus Studien über Kinder des Zweiten Weltkriegs bekannt, die traumatische Erfahrungen verdrängten, emotionslos wirkten und lediglich über Tatsachen berichteten. Der Schweizer Pädagoge Adolphe Ferrière fand 1949 in dem Buch *Unsere Kinder die Hauptkriegsopfer* deutliche Worte: Die Reaktion von Kindern auf schwerwiegende Kriegserfahrungen gliche denen eines Tieres, das sich tot stelle: »Das Kind lacht nicht und weint nicht, es spricht nicht mehr.« Er berief sich auf Erzieher in Schulen und Heimstätten, die – ohne den Begriff zu gebrauchen – mit traumatisierten Kindern arbeiteten, die den Tod eines geliebten Menschen erlebt hatten (Ferrière 1949, S. 105f.).

Kritische Beobachter vermuteten bereits gegen Ende des Ersten Weltkriegs, dass die Trauer um den Verlust des Vaters und die schmerzliche Sehnsucht der Kriegswaisen nach väterlicher Geborgenheit Narben in den kindlichen Seelen hinterlassen werde, die nur schwer verheilten. Die so entstandenen tiefgehenden Mängel könnten durch die Mutter nicht ausgeglichen werden, denn nur der Vater sei für seine Kinder »Beschützer«, »Ernährer«, »Erzieher und Richter«, »Mittler zwischen Haus und Leben«, »das Muster und der Meister« (Sellmann 1917, S. 17–25). Angesichts der nervlichen Zermürbung der alleinerziehenden Mütter wüchsen »zaghafte und ängstliche Kinder« heran (ebd., S. 19, 29, 37). Vor allem vaterlos heranwachsende Jungen schienen aus Sicht des Pädagogen Adolf Sellmann (1868–1947) gefährdet zu sein, wohingegen Säuglinge und Mädchen den Vater körperlich und seelisch weniger entbehrten. Großväter und andere »Miterzieher« seien daher besonders für Jungen wichtig, eine Auffassung, die dann in der Zwischenkriegszeit durchaus Zustimmung fand (ebd., S. 40). Weitsichtig verwiesen einige zeitgenössische Beobachter darauf, dass der Krieg fraglos Auswirkungen auf das »Seelenleben« Heranwachsender habe: Fleißig-aufgeweckte Schüler würden plötzlich zu Träumern, wenn vom Vater keine Nachrichten kämen und die Mutter deshalb weine. Aus ähnlichen Gründen könnten sich jedoch auch stille Schüler zu Schwätzern entwickeln oder im Todesfall eines Angehörigen gänzlich abwesend vor sich hin starren. Befragungen im Schulunterricht ergäben insgesamt, dass Kinder auf die Frage, was in ihren Augen der Krieg bedeute, zumeist antworteten, er sei »traurig«, »furchtbar« und »schrecklich« (Plechner 1915). Besonders älteren Kriegswaisen werde »das verlorene eigene Kinderland« fehlen, und zwar »lebenslang« (Landsberg 1915, S. 148).

Der persönliche Schmerz über den Verlust des Vaters und die Trauer der Kinder und Mütter ist in der deutschen Forschung bisher nicht gründlich untersucht worden – anders als in der französischen, die sich auf eine Fülle autobiografischer Zeugnisse, Tagebücher und Briefe von Kindern oder rückblickend Autobiografisches stützt. Der Historiker Olivier Faron ist auf zwei prominente französische Fälle eingegangen, und zwar auf den Schauspieler und Regisseur Jean-Louis Barrault (1910–1994) und den Schriftsteller Albert Camus (1913–1960), deren Blick auf den Verlust des Vaters dem mancher deutscher Kriegskinder des Ersten Weltkriegs in vielerlei Hinsicht vergleichbar sein dürfte. Camus' Vater war in der Schlacht an der Marne verwundet worden und verstarb im Oktober 1914 in einem Lazarett. In seinem Roman *Der erste Mensch*, 1994 posthum veröffentlicht, ging er auf seine lebenslange Vatersehnsucht ein (Schulz 2004, S. 15–17; Camus 1995, S. 26–29). Auch Barrault berichtete in seinen Erinnerungen, er habe sein Leben lang nach seinem Vater gesucht, der ihm immer gefehlt habe (Barrault 1973, S. 30; Faron 2001, S. 304f.). Seine Vatersehnsucht fasste er in folgende Worte: »Ein Leben lang leidet ein Eckchen unseres Wesens furchtsam und geängstigt unter Einsamkeit« (Barrault 1973, S. 31f.). Barraults Vater, ein Apotheker, wurde im Ersten Weltkrieg im Sanitätsdienst eingesetzt. 1918 besuchte die Familie ihn in einem Lazarett; der Sohn war damals acht Jahre alt:

> »Frühling 1918. Mein Vater […] fühlt den Tod nahen und will seine Kinder wiedersehen. Wir werden regelmäßig von einer Krankenschwester […] in die Kaserne geführt. Ein riesiges eisernes Doppeltor, in dessen Spalt erscheint jetzt eine schlanke, himmelblaue, noch junge, aber weißhaarige Gestalt:

> mein Vater. Wir spielen stundenlang mit den Soldaten. Wir warten stundenlang in den langen Sälen mit den weißen Bettenreihen [...] Finstere Sterbeorte, wo die väterliche Liebe nur tropfenweise rinnt. Der Sommer kommt; er nimmt uns im Urlaub mit nach Beauregard. [...] Zum ersten Mal, glaube ich, spricht er zu mir wie zu einem kleinen Mann. [...] Als Sanitäter geht er an die Front zurück, er hat Verwundete zu pflegen und vor allem Soldaten, die von der Spanischen Grippe befallen sind. Es handelt sich aber einfach um Typhus. Mein Vater wurde angesteckt und innerhalb von 48 Stunden dahingerafft. Die Ironie des Schicksals wollte, dass er gerade einen Tagesurlaub hatte. Weshalb meine Mutter – verwaltungsmäßig – nie als Kriegerwitwe galt. Und keine Pension beziehen durfte« (ebd., S. 28f.).

3.4 Belastungen der Mütter

Während der gesamten Kriegsjahre wurde in kriegspropagandistischen Schriften, aber auch in Publikationen national gesinnter bürgerlicher Frauenvereinigungen vom weiblichen Geschlecht und insbesondere von den Müttern eine heroische Haltung erwartet. In Propagandaschriften und Presseveröffentlichungen waren entsprechende Appelle ebenfalls weit verbreitet. Im Oktober 1915 hieß es beispielsweise in der *Feldzeitung* in einem Gedicht bezüglich der Erwartungen an die Frauen an der Heimatfront in bezeichnender Weise:

> »Fröhlich sein – und im Herzen eine Wunde haben,/Stark hingehn und soviel Leid ertragen;/Dankbar mit dem Volk – und doch verlangend/Immer noch nach einem, wartend, bangend, Welcher nicht mehr wiederkehrt [...]/ Durch die Seele geht ein Schwert./Stolz die Siege unsrer Heere feiernd,/Jubelnd eignen Herzens Weh verschleiernd,/Helfend, tröstend, lindernd aller Enden/Mit den Stillen, liebereichen Händen –/[...] Nachts ein Schluchzen [...] und der Wind verstreut's/Deutsche Frau! Das ist dein ›Eisern Kreuz‹« (Winkle 2007, S. 161f.; vgl. Hagener 1986).

Die Schriftstellerin Isolde Kurz (1853–1944) veröffentlichte im Kriegsjahrbuch des »Bundes Deutscher Frauenvereine« 1915 in patriotischer Hochstimmung ein Loblied auf »die deutsche Mutter«, die alle Fragen ihres Kindes nach dem abwesenden Vater mit Stärke und Zuversicht dahingehend zu beantworten habe, dass er gewiss wiederkommen werde, sobald der »Sieg erkämpft« sei. Auf die Frage des Kindes: »Was sollen wir beten beim Schlafengehn?« habe die Mutter zu antworten: »Dass ihr tapfer werdet wie er/der Taten wert, die für euch gescheh'n/und willig tragt die Beschwer« (Kurz 1915, S. 1; vgl. Wehler 2008b, S. 97f.). Die Schriftstellerin Anna Behnisch-Kappstein (1872–1950) äußerte sich 1916 ähnlich; und der Philosoph und Literaturnobelpreisträger Rudolf Eucken (1846–1926) stellte einer ihrer Publikationen aus den Kriegsjahren ein Geleitwort voran, in dem er ausdrücklich das »Heldentum« von Kriegerfrauen und -witwen beschwor (Behnisch-Kappstein 1916, S. VIII).

Es wurde zudem befürchtet, die Mütter könnten ihren Männern »Jammerbriefe« schreiben (vgl. Traminz 1989) oder vor weiteren Schwangerschaften zurückschrecken. In der *Zeitschrift für Bevölkerungspolitik und Säuglingsfürsorge* wurde vor dem Hintergrund einer derartigen Besorgnis unter ausdrücklicher Berufung auf das »Jahrhundert des Kindes« die Auffassung vertreten, dass die deutsche Nation »Mütter brauche« und die deutsche Frau »dem Vaterlande als Wehrbeitrag zu seiner nationalen Selbstbehauptung« viele Kinder »schuldig« sei (Behm 1917, S. 73f.). Um den »Willen zum Kind« auch unter den Ausnahmebedingungen des Krieges aufrechtzuerhalten, war bereits um die Jahreswende 1914/15 die »Reichswochenhilfe« eingeführt worden, eine Maßnahme, die in finanzieller Unterstützung von Frauen für die Entbindungs- und ärztliche Hilfe sowie einem Wochen- und Stillgeld für zwei bis drei Monate nach der Geburt bestand. Dieses musste jedoch beantragt werden, die Bewilligung erfolgte zumeist nicht unbürokratisch und wurde in den Gemeinden höchst unterschiedlich gehandhabt (vgl. Kundrus 1995, S. 184–190). Diese und andere Unterstützungsmaßnahmen änderten allerdings nichts an der Tatsache, dass die alleinerziehenden Mütter sich hohen moralischen Ansprüchen gegenüber sahen, die in Propagandaschriften und Ratgebern formuliert wurden. Die Angst zu versagen »schwebte als permanentes Damoklesschwert über den Köpfen der Mutter, insbesondere der erwerbstätigen« (ebd., S. 197).

Deren Zahl, wie auch die der erwerbstätigen Frauen insgesamt, stieg während der Kriegsjahre erheblich. Während vor 1914 nur jede fünfte Beschäftigte in Industriebetrieben eine Frau war, erhöhte sich ihr Anteil in den

Folgejahren auf ein Drittel. Diese Veränderungen lassen sich besonders an der Rüstungsindustrie verdeutlichen: Bei Krupp, dem in der Rüstungsbranche führenden Unternehmen, stieg der Anteil der weiblichen Belegschaft vom Beginn des Jahres 1913 bis zum Sommer 1918 sogar von rund drei auf nahezu 38 Prozent (Peukert 1988, S. 93). Eine große Zahl von Frauen ging zweifellos nicht freiwillig, sondern notgedrungen einer Erwerbsarbeit nach (Wehler 2008b, S. 102; vgl. Daniel 1989) und wusste um die soziale Privilegierung von Witwen ranghöherer Militärs gegenüber denen einfacher Soldaten in der Kriegsgesellschaft (Demm 2001, S. 75). Die meisten Soldaten stammten aus den unteren Schichten, ihre Familien hatten keine finanziellen Reserven und besonders Frauen mit Kindern wussten vielfach kaum, wie sie das Geld für die Wohnungsmiete aufbringen sollten. Sie waren gezwungen zu arbeiten, ohne dass ihre Tätigkeit mit der Möglichkeit beruflicher Qualifizierung oder mit Aufstiegschancen verbunden war. Für die Mehrheit der Frauen war diese Art von Arbeit mit erheblichen physischen Anstrengungen verbunden, sie mussten schwere Lasten heben und tragen, und oft stellten Betriebe hastig von der Friedens- auf die Kriegsindustrie um und trafen dabei kaum die nötigen Sicherheitsvorkehrungen. Viele Arbeiterinnen wurden aufgrund der teilweise geradezu frühkapitalistischen Arbeitsbedingungen und mangelhaften Ernährung krank und fanden in den personell geschwächten Gewerkschaften, deren Mitglieder in großer Zahl Kriegsdienst leisteten, kaum Fürsprecher. Aufgrund von Doppelt- und Mehrfachbelastungen traten auch in Schwangerschaften verstärkt Komplikationen auf. Die Anzahl der Abtreibungen nahm zu und Ärzte beobachteten ferner eine gleichermaßen auf Unterernährung und psychischen Druck zurückzuführende Form ausbleibender Regelblutungen, die auch als Kriegsamenorrhoe bezeichnet wurde.

In der politischen Diskussion wurde in diesem Zusammenhang nicht selten das ›Überforderungsargument‹ angeführt und die Bedeutung öffentlicher Einrichtungen wie der Volkskindergärten hervorgehoben, deren Erziehungsaufgaben angesichts der zahlreichen unbeaufsichtigten Kinder unter anderem die Sozialpädagogin Lili Dröscher (1871–1944) hervorhob (Dröscher 1917). Bürgerliche und besonders nationalkonservativ eingestellte Politikerinnen betonten dagegen den Haushalt als naturgemäßes Wirkungsfeld der Frau und forderten eine Beschränkung außerhäuslicher

Arbeit als wichtige Schutzmaßnahme für kriegsbedingt alleinerziehende Mütter. Die Sozialpolitikerin und Frauenrechtlerin Elisabeth Altmann-Gottheimer (1874–1930) etwa vertrat die im »Bund der deutschen Frauenvereine« verbreitete Auffassung, Frauenarbeit sei in jedem Fall »zu teuer bezahlt«, wenn sie »mit der Einbuße der Gebärfähigkeit erkauft« werde (zit. bei Rouette 1993, S. 34). Die Geschlechterverhältnisse änderten sich unter den Bedingungen des Krieges nicht grundlegend; der gesellschaftliche Grundkonsens, dass die Grundlage männlicher Existenzsicherung durch Erwerbsarbeit erfolge, die Lebensgrundlage von Frauen hingegen durch den Mann oder mit sozialfürsorglichen Maßnahmen zu sichern sei, behielt weiterhin seine Gültigkeit. Die weibliche »Normalbiographie« (ebd., S. 19) sah die Frauen als Familienangehörige eines erwerbstätigen Mannes. »Zwischen Pflichtbewusstsein und stillem Opfermut bewegte sich der Tugendkatalog für die Soldatenfrauen, hinter dem die Aufrechterhaltung der Familienstabilität und der männlichen Dominanz stand« (Kundrus 1995, S. 201).

Da die Frau ihrem Ehemann rechtlich nicht gleichgestellt war, konnten die Väter während des Krieges auch in Abwesenheit entscheiden, ob aus Gründen der ›Überforderung‹ oder ›Unfähigkeit‹ einer Frau, die Erziehung der Kinder ohne den Vater pflichtgemäß zu übernehmen, eine Heimunterbringung seiner Kinder angezeigt war oder nicht. Die fehlende Gleichberechtigung gegenüber den abwesenden Männern stand in einem deutlichen Gegensatz zu den Aufgaben, die die Mütter selbstständig und ohne männliches Familienoberhaupt bewältigen mussten. Trotz ihrer Leistungen unter den Bedingungen kriegsbedingter Doppel- und Mehrfachbelastungen und der zahlreichen Appelle an eine heldenhafte Haltung wurde den Frauen kaum zugetraut, dass sie ihre Aufgaben meisterten.

Differenzierter urteilte dagegen Gertrud Bäumer, obwohl sie zu den Verfechterinnen eines heroischen Durchhaltewillens der Frauen gehörte; sie hatte beispielsweise einen klaren Blick für die prekären Verhältnisse vieler Frauen und ihre Ängste um die Männer an der Front (Bäumer 1930, S. 16f.). So erlebte sie in Berlin »Scharen von verlassenen Frauen«, die »Liebesgaben« für Soldaten in Sammelstellen anboten, und zitierte am 21. November 1914 eine Arbeiterfrau mit den Worten: »›Wenn er nur noch lebt‹, ›wenn er's nur noch bekommt [...] er ist an der Yser.‹« Bäumer beobachtete neben angehenden Müttern zahlreiche Frauen mit kleinen Kindern, deren Zustand sie als »geängstigt und nervös« beschrieb. 1915 und 1916 stellte sie eine zunehmende Verunsicherung, Anspannung und Mehrfachbelastung der Mütter fest. Im Dezember 1917 notierte Bäumer, die nunmehr in Hamburg an einer Schule für Wohlfahrtspflegerinnen tätig war:

> »Über die Brücken, unter denen das Wasser der Alster schwarz zwischen den weißen Ufern steht, von dünnem Nebelhauch überflogen, zieht eine Kolonne von Frauen. Mit Sack und Pack: das heißt, jede mit einem Gefährt, Wagen oder Schlitten, hinter sich, aus dem ein oder auch ein zweites gebündeltes Gesichtchen herausschaut. Größere, sorgsam eingeknöpft in die knappen Mäntel, traben nebenher. Jeden Tag zieht diese kleine Kolonne auf meinem Arbeitsweg dahin, Mütter, die zur Volksspeisung gehen, um ihr Mittagessen abzuholen. Und jeden Tag ergreift mich die Vorstellung der Mühe, die sie jetzt haben. Diese kleinen Kinder, die sie keine Minute allein lassen können, die überall mithingeschleppt werden müssen, weil sich nicht so leicht mehr jemand zum Aufpassen findet« (ebd., S. 122).

Die Sozialdemokratin Clara Bohm-Schuch (1879–1936) beurteilte die Lage noch weitaus kritischer. Vor dem Krieg seien die Mütter in Arbeiterfamilien zumeist der stabile Mittelpunkt der Familie gewesen. Das habe sich jedoch ab 1914 radikal geändert. Die proletarischen Kinder müssten nunmehr nicht nur ohne die Väter, die schon zu Friedenszeiten in der Regel – vor allem aufgrund langer Arbeitszeiten – den ganzen Tag außer Haus waren, auskommen, sondern auch ohne die Mütter (Bohm-Schuch 1916). Sie sprach damit ein Problem an, das besonders von jugendpflegerischer und behördlicher Seite beobachtet und diskutiert wurde: die Gefahr der ›Verwahrlosung‹ von Kindern und Heranwachsenden, die sich weitgehend selbst überlassen waren.

Einige Frauenrechtlerinnen erkannten durchaus die Notwendigkeit, Frauen und besonders Mütter nicht nur kurzfristig, sondern perspektivisch zu unterstützen – nicht zuletzt deshalb, weil sich bereits 1915 abzeichnete, dass viele Männer, sofern sie den Krieg überleben würden, ihre Familien über Jahre hinweg nicht mehr in vollem Umfange würden ernähren können. Während der Heimaturlaube werde die Erschöpfung sichtbar; »mancher tüchtige Mann« werde an der Front »dauernd Beschwerden und Schwäche unterdrücken, um dann daheim eben doch nicht gleich wieder Vollleistung bringen zu können,« prognostizierte etwa die Pädagogin und Kommunistin Anna Lindemann (1892–1959) (Lindemann 1915, S. 13). Umso wichtiger erschienen angesichts solcher Befürchtungen breit angelegte finanzielle, soziale und medizinische Hilfsangebote, vor allem für Familien aus unteren Schichten. Für diese wurden besonders in Großstädten Beratungsangebote zur Verfügung gestellt, an denen sich in Berlin bekannte Sozialpädiater wie Kettner und Bendix beteiligten (ebd., S. 20).

Während Frauenrechtlerinnen Entlastungen für die Mütter und Unterstützung für die ohne Väter aufwachsenden Kinder forderten, nahmen Justiz- und Sozialverwaltungen eine andere Perspektive ein. Sie befürchteten ein Abgleiten der Halbfamilien in soziale und sittliche Verwahrlosung und vermuteten eine moralische Schwächung der Mütter, die sich auf die Männer an der Front auswirken werde. Im Laufe des Krieges mehrten sich die Warnungen, breitere Kreise Heranwachsender könnten »sittlich gefährdet« sein, und zwar infolge kriegsbedingt ungeordneter Familienverhältnisse, fehlender väterlicher Autorität und ebenfalls fehlender mütterlicher Aufsicht und Fürsorge sowie prekärer Lebensverhältnisse. Gerichte beklagten vor allem die sich häufenden Fälle von Diebstahl (Landesarchiv Münster, Oberpräsidium 64649). Regierungsamtliche Stellen werteten Rauchen, Alkoholkonsum, Abwesenheit in der Schule, Landstreicherei, den »unsittlichen« Umgang junger »halbreifer« Mädchen mit Schülern und Soldaten oder die »Tanzwut« als alarmierende Anzeichen zunehmender »Zuchtlosigkeit der Jugend« (Landesarchiv Münster, Oberpräsidium 6464). Solche Klagen verweisen auf eine gewisse Hilflosigkeit der Behörden, zeigen aber auch deren Blickverengung auf, denn sie reduzierten die Auswirkungen des Krieges für Heranwachsende weitgehend auf Fragen von Kontrolle bzw. Kontrollverlust (Landesarchiv Münster, Regierung Münster, Nr. 646.3). Das Ausmaß physischer und psychischer Belastungen der Mütter dagegen wurde offenbar unterschätzt, obwohl Unterlagen der Jugendfürsorgebehörden diesbezüglich recht eindeutige Einblicke ermöglichen (Landesarchiv Münster, Oberpräsidium 1-458).

Die Frauen selbst nahmen ihre Situation allerdings keineswegs einheitlich wahr: Viele warteten zweifellos intensiv auf die Rückkehr ihrer Männer und der Väter ihrer Kinder; andere ahnten, dass ihre Ehen nach Kriegsende

Zerreißproben ausgesetzt sein würden; manche hofften vielleicht sogar auf ein Ende einer unbefriedigenden Partnerschaft oder des Zusammenlebens mit einem Mann, der seine Familie vernachlässigte. Die Frauenrechtlerin und Schriftstellerin Anna Pappritz (1861–1939) glaubte sogar, im Falle eines »brutalen Familienvaters« werde die Frau ihre kriegsbedingte Selbstständigkeit »wie eine Erlösung empfinden« (Pappritz 1915, S. 1). Einige Feministinnen, zum Beispiel die Kommunistin Anna Lindemann, hegten sogar die Hoffnung, mit der nötigen Unterstützung, nicht zuletzt durch eine intensive Berufsberatung und perspektivische Ermutigung zur Selbstständigkeit, könnten sowohl bürgerliche als auch proletarische Frauen ohne einen Mann an ihrer Seite zu einem selbstbestimmten Leben finden (Lindemann 1915, S. 46).

Von weiblicher Solidarität über alle Unterschiede von Status und Klassenzugehörigkeit hinweg kann allerdings keine Rede sein, wenngleich diese von Vertreterinnen der Frauenbewegung wiederholt angemahnt und aus anderen Motiven propagandistisch für *alle* Kriegsmütter gerne behauptet wurde (Behnisch-Kappstein, S. 1f., 4, 10f., 20f.). Die unterschiedlichen sozialen Lebensentwürfe und Überlebensstrategien bürgerlicher und proletarischer Frauen waren, wie sich deutlich zeigte, nicht in Übereinstimmung zu bringen. Appelle, dass die Liebe zu den Männern an der Front die Kraftquelle *aller* Frauen darstellen solle, konnten nicht darüber hinwegtäuschen, dass die Propaganda die verheirateten Mütter stärker als Heldinnen stilisierte als junge unverheiratete Mütter oder junge verheiratete Frauen ohne Kinder. Es gibt sogar eindeutige Hinweise darauf, dass es zwischen jungen »Kriegsgetrauten«, die nach oftmals nur kurzem ›ehelichen Glück‹ von ihren Männern getrennt wurden, und mehr- oder langjährig verheirateten Frauen mit mehreren Kindern geradezu eine Opferkonkurrenz gab, in der den Müttern der eindeutig höhere Leidensdruck zugesprochen wurde.

3.5 Diagnose: ›Nervosität‹

In den Kriegsjahren haben Experten wiederholt diagnostiziert, dass die Überbeanspruchungen im Krieg bei den Müttern zu ›nervösen‹ Leiden führen konnten, die wiederum zu ›Nervosität‹ bei ihren Kindern beitrugen, welche selbst kriegsbedingt massivem Stress ausgesetzt waren. Die Anspannung und ›Nervosität‹ der Erwachsenen und ein irritierender allgemeiner Unruhezustand übertrugen sich, wie Psychologen und Mediziner beobachteten, in beunruhigender Weise auf Kinder und Heranwachsende. Die Wissenschaftler knüpften bei ihren Beobachtungen an eine bereits seit den 1880er Jahren intensiv geführte Debatte um Neurasthenie, Stress und Nervosität an, die mit dem Erscheinen einiger vielbeachteter Bücher des New Yorker Neurologen George M. Beard (1839–1883) zum Thema »Neurasthenie« (Beard/Rockwell 1880, 1881; vgl. Roelcke 1999) begonnen hatte. Mit dieser psychischen Befindlichkeit und deren körperlichen Auswirkungen, die sich als diffuse Schwächen, Überreizungen und Ängste beschreiben ließen, setzten sich in der Folgezeit Experten und eine interessierte Laienöffentlichkeit gründlich auseinander. Die vielfältigen Erscheinungsformen dieses Phänomens wurden damals unter dem Stichwort »Nervosität« zusammengefasst. Deren Konjunktur und diskursive Facetten hat Joachim Radkau ausführlich beschrieben (vgl. Radkau 1995, 1998); er hat jedoch nicht berücksichtigt, dass solche Nervositätsdiskussionen in medizinischen und psychologischen Zeitschriften während des Ersten Weltkriegs mit Blick auf Kinder und Jugendliche sowie deren Mütter neu akzentuiert wurden.

Vor dem Krieg wurden neurasthenische Symptome bei Heranwachsenden in erster Linie auf schulische Überforderungen zurückgeführt; ein wichtiges Stichwort stellte in diesem Zusammenhang die »Schulüberbürdung« dar (Radkau 1995, S. 277), deren Ursachen in hohen Leistungsanforderungen, vor allem aber in der weit verbreiteten autoritären Drill- und Gehorsamserziehung gesehen wurden. Der Pädagoge und Philosoph Friedrich Wilhelm Foerster (1869–1966) etwa wies auf verschiedene Faktoren hin, die – mitverursacht durch Schule und Elternhaus – junge Menschen zu »nervösen Charakteren« heranwachsen ließen (Foerster 1915, S. 398). Durch »autoritäre Bevormundung«, beispielsweise durch einen tyrannischen Vater, würden junge Menschen »gereizt« und dauerhaft nervös. Foerster bezog sich in seinen Ausführungen ausdrücklich auf Alfred Adlers (1870–1937) *Über den nervösen Charakter* (Adler 1912), ein Hauptwerk der Nervositätsliteratur.

Nach Ausbruch des Ersten Weltkriegs traten jedoch andere Gründe für nervöse Leiden zutage. Mediziner und Vertreter der Psychowissenschaften waren sich darin einig, dass eine allgemeine »Zunahme der Nervosität« an der »Heimatfront« zu beklagen war. Über psychogene Störungen, namentlich »Schreckneurosen«, »traumatische Neuropsychosen« und »hysterische Zustände« informierte eine 1915 veröffentlichte Überblicksdarstellung des Psychiaters Johannes Birnbaum (1878–1950) (Birnbaum 1915, S. 333, 339). In wissenschaftlichen Untersuchungen während der Kriegszeit und in zusammenfassenden Studien aus den 1920er Jahren über die nachhaltigen Auswirkungen des Krieges auf das Seelenleben Heranwachsender wurden für solche Erkrankungen bei Kindern und Jugendlichen zahlreiche Belastungen genannt, zum Beispiel die Angst um den Vater »im Felde«, eine »Lockerung der Familienbande«, verkürzte Unterrichtszeiten mit der Absicht, die Kinder zur Erwerbsarbeit und zum Anstehen bei der Lebensmittelverteilung heranzuziehen, ständige Erregungen des Straßenlebens oder ungenügender Schlaf (Stephani 1928, S. 123). In Freiburg wurden »unerhörte Reizungen des Nervensystems« bei »leicht erregbaren Kindern« beklagt, die sich durch die ebenfalls nervlich belasteten Lehrer durch zunehmend »wusselige« Schüler ebenso steigerte wie durch Todesfälle in den Familien oder Luftangriffe, die die gesamte Bevölkerung in Angst und Schrecken versetzten (Chickering 2009, S. 485).

Die Kinderheilkunde hatte mit neuen Erkenntnissen, zum Beispiel in der Säuglingspflege und Säuglingsernährung, seit der Jahrhundertwende hohes Ansehen gewonnen, und führende Vertreter aus Wissenschaft und Politik mischten sich nun auch deswegen lautstark in die Nervendebatte bei Kindern ein, weil sie hier eine Gelegenheit sahen, auf die wichtigen Errungenschaften dieser noch jungen Disziplin aufmerksam zu machen. Manche prominente Diskutanten knüpften in den Debatten an ihre bereits vor und während des Krieges vorgetragene Argumentation an. So hatte Arthur Schlossmann (1867–1932), der Düsseldorfer Ordinarius für Kinderheilkunde und Leiter der ersten Kinderklinik der Stadt, in den ersten Kriegsjahren für einen erweiterten Säuglingsschutz geworben (Schlossmann 1916); 1917 forderte er dann im Auftrag der »Deutschen Gesellschaft für Kinderheilkunde« die Reichsregierung dazu auf, in Zukunft die Kinderheilkunde in Deutschland zu stärken, denn diese werde für die »Wiederaufforstung des deutschen Volksbestandes« unverzichtbare Dienste leisten. Zu den Toten des Weltkriegs gehörten vor allem junge gesunde Väter, und man dürfe nicht »Minderwertigkeit an Menschen heranwachsen lassen, denn nur für Tüchtiges« sei »Platz im neuen Reiche« (Schlossmann 1918, S. 21). Adalbert Czerny wies auf die von ihm bereits vor 1914 erforschten Zusammenhänge zwischen Ernährung und »nervöser Erregbarkeit« bei kranken Kindern hin. Er vertrat den Standpunkt, dass das Sterberisiko von rachitischen Kindern, die oftmals zugleich übererregt sowie durch Infektionen gefährdet seien, durch die Verabreichung von Magnesium verringert werden könnte (Czerny 1915, S. 5, 7). Auf einer ärztlichen Fortbildungstagung im Jahre 1915 gingen mehrere Referenten in ihren Vorträgen auf nervöse Krankheiten im Kindesalter ein, zum Beispiel Spasmophilie, also Verkrampfungen unterschiedlicher Art oder habituelles Erbrechen, insbesondere »Schulerbrechen« und nervöse »Anorexie« (Langstein 1915). Neurasthenische Kinder, die Adolf Baginsky (1843–1918), Mitbegründer der »Gesellschaft für Kinderheilkunde«, ebenfalls 1915 als »hastig und zapplig in Bewegungen, psychisch zerfahren, ängstlich und unaufmerksam« beschrieb, seien »eine Plage der Lehrer und eine andauernde Angst der Eltern« (Baginsky 1915, S. 213f.). Gesundheitspolitisch engagiert traten der Jurist und Präsident des Kaiserlichen, ab 1918 des Reichsgesundheitsamtes Franz Bumm (1861–1942) und der bereits zitierte Kinderarzt Leo Langstein hervor, der Herausgeber der *Zeitschrift für Kinderheilkunde* und der *Zeitschrift für Säuglingsschutz* sowie ab 1911 Direktor des »Kaiserin Auguste Victoria-Hauses« zur »Bekämpfung der Säuglingssterblichkeit« in Berlin war.

Besonders intensiv beschäftigten sich Experten mit den »Kriegsneugeborenen«, eine Bezeichnung, die Arthur Kettner, ärztlicher Leiter einer Säuglingsfürsorgestelle in Berlin-Charlottenburg und Schularzt, in der ersten Jahreshälfte 1916 mehrfach in die Debatte einbrachte. Der Begriff beschrieb einen völlig neuen ›lebensschwachen‹ Säuglingstyp, der kriegsbedingt bereits als Embryo unter der Nervosität der Mutter gelitten habe (Kettner 1915, 1916a, b). In einer Reihe von medizinischen Zeitschriften wurde das Thema schon 1916 aufgegriffen, so in der *Zeitschrift für Säuglingsschutz*, der *Zeitschrift für Kinderforschung*, der *Berliner klinischen Wochenschrift* und der *Münchener medizinischen Wochenschrift*. Wohlfahrtsverbände und der »Verein für Schulgesundheitspflege« gingen der Frage nach, ob sich ein »besonderer Typus von Kriegsneugeborenen«

nachweisen lasse, dessen »Minderwertigkeit« Kettner »gegenüber den Friedenskindern auf die nervöse Beeinflussung der Mutter« zurückführte. Sozialpädiatrisch ausgerichtete Experten wie Leo Langstein, Bernhard Bendix (1863–1943), leitender Arzt der Charlottenburger Säuglingsklinik, oder Arthur Schlossmann beteiligten sich an dem Versuch, dieses nur schwer zu klärende Problem zu lösen, das vor allem deswegen so alarmierend schien, weil aus kriegspropagandistischen Gründen der Eindruck aufrechterhalten werden sollte, für den ›Nachwuchs‹ werde trotz des Kriegsausnahmezustandes gut gesorgt (Schlossmann 1916, S. 7). Auch Schulärzte, Wohlfahrtspfleger und Verwaltungsbeamte untersuchten auf lokaler Ebene städtische sowie ländliche soziale Verhältnisse, in die Säuglinge hineingeboren wurden, und verglichen Säuglinge und Schulkinder, Mädchen und Jungen im Hinblick auf das Risiko, nervös zu erkranken (Anonym 1915, 1917a, b). Leiter von Säuglingsheimen und Mitarbeiter in der Hebammen-Ausbildung berichteten aus der Praxis. In der Folge wurde von den meisten Ärzten die Existenz eines solchen »Typus« abgestritten. Viele Mediziner kamen zu dem eindeutigen Ergebnis, dass es solche »nervöse, spasmophile, unruhige, zapplige neugeborene Kinder vom Typ der ›Kriegsneugeborenen‹«, wie der Berliner Kollege Kettner sie beschrieben habe, nicht gebe (Bendix 1916, S. 337; vgl. Langstein 1916a, b).

Der Kinderarzt Theodor Hoffa hingegen (1872–1946), der zugleich leitender Arzt an zwei Säuglingsheimen in der Stadt Barmen war und ebenfalls wiederholt in die Debatte eingriff (Hoffa 1917, 1920), bestätigte – als einer der wenigen Diskutanten – 1919 ausdrücklich den Kettner'schen Befund, und zwar für die Zeit ab 1917, wie er anhand einer Tabelle mit Zahlenmaterial von 1913/1914 bis 1918/1919 zeigen konnte:

> »Seit dem Jahre 1917 […] hat sich die Beschaffenheit der Neugeborenen entschieden verschlechtert. Wir beobachten seitdem […] vor allen Dingen eine auffallende Häufung der nervösen Störung beim Säugling, Schreckhaftigkeit, Hypertonie der Muskeln, habituelles Erbrechen, Schlafstörungen, unmotiviertes Schreien, Trinkschwierigkeiten, Spasmophilie.« Überall biete sich »das gleiche Bild: die Kinder sind blass, abgemagert, bleiben im Wachstum und der allgemeinen Entwicklung zurück, sie sind leicht ermüdbar, dabei zugleich reizbar, nervös; den Anforderungen der Schule sind sie nicht gewachsen« (Hoffa 1920, S. 65–67).

Eine erste distanzierte Beurteilung der teilweise hochemotional geführten Debatten um nervöse Kinder und Säuglinge wurde in einer von dem Direktor der Greifswalder Universitätskinderklinik Erich Peiper (1856–1938) angeregten Dissertation aus dem Jahre 1920 mit dem Titel *Kriegs-Kinder* angestrebt, die allerdings stark der Annahme verhaftet war, der »Kriegssäugling« sei eine »Erfindung« (Nanke 1920). An Greifswalder ›Material‹ ließen sich die von Kettner beschriebenen nervösen Symptome nicht konkret nachweisen, aber auch nicht genau widerlegen. Die Belastungen für Mütter und Kinder durch »Kriegserregungen« im weiteren Sinne seien ein Faktum, so ein Fazit der Dissertation; außerdem sei »denkbar, dass die Kriegskinder eine latente Minderwertigkeit mit zur Welt brächten, die erst in ihrer späteren Entwicklung den entsprechenden Ausdruck fände« (ebd., S. 24f.).

Das ganze Ausmaß ›nervöser Störungen‹, und zwar bei Säuglingen, Kleinkindern, älteren Kindern und Heranwachsenden sowie vor allem auch bei den Müttern wurde erst in gründlicheren wissenschaftlichen Arbeiten in den 1920er Jahren offenbar (siehe Kapitel 4.4, 4.5). Zunächst beschäftigte Wissenschaftler und Publizisten die Tatsache, dass rigorose Zensurbestimmungen das Bekanntwerden psychischer wie physischer Auswirkungen des Krieges auf Kinder verhindert hatten. Es stellte sich heraus, dass die Debatte um die nervösen Kriegssäuglinge während des Krieges aus politischen Gründen möglichst unauffällig beendet werden sollte, um die Bevölkerung nicht zu beunruhigen. Dass die Säuglinge eine große Aufmerksamkeit erhielten, die Kriegsschädigungen bei älteren Kindern jedoch stark unterschätzt worden waren, erwies sich nach Kriegsende – wie in Kapitel 4.2 zu zeigen sein wird – als besonders skandalös.

4. Kriegskinder als ›Kriegsopfer‹

4.1 Fakten und Fragen

Der Erste Weltkrieg hinterließ eine bis dahin nicht gekannte Masse an Gefallenen, Vermissten und Kriegsversehrten: In den Jahren 1914 bis 1918 kamen kriegsbedingt mehr als doppelt so viele Menschen ums Leben als in allen größeren Kriegen des 19. Jahrhunderts zusammen (Mosse 1993, S. 9). Auf Europa bezogen dürfte die Zahl der Kinder, die infolge des Ersten Weltkriegs verwaist waren, das heißt Vater und Mutter verloren hatten, circa 6 Millionen betragen haben (Audoin-Rouzeau 2003, S. 140; vgl. Winter 1995). Für Deutschland werden etwa 2,4 Millionen Kriegstote – etwa 19 Prozent der insgesamt 13 Millionen Soldaten – und circa 4,3 Millionen Kriegsverletzte angenommen (Wehler 2008b, S. 232). Hinzu kommen Hunderttausende, besonders Frauen und Kinder, die an Hunger und Krankheiten starben, also »indirekte Opfer des Krieges« waren (Peukert 1988, S. 128). Erste verlässliche Angaben über die Zahl der Kriegerwitwen in Deutschland beziehen sich auf eine amtliche Zählung aus dem Jahre 1924, der zufolge sich ihre Zahl bei Kriegsende auf etwa 600.000 belief, wobei jedoch die Witwen aus vorherigen Kriegen einbezogen wurden. Nach Angaben vom Oktober 1924 gab es der Statistik nach – ebenfalls auf Deutschland bezogen – rund 962.000 kriegsbedingte Halbwaisen (Magnus 1931, S. 134f.). 1931 wurde die Zahl der Vollwaisen, die während des Krieges oder in seiner Folge Vater und Mutter verloren hatten, auf etwa 50.000 beziffert (ebd., S. 17). Die Weimarer Republik wird deshalb auch als »Kriegsopfergesellschaft« bezeichnet, denn die überwiegende Mehrheit der Bevölkerung war direkt oder indirekt mit den physischen und psychischen Auswirkungen des Krieges unmittelbar und dauerhaft konfrontiert (Peukert 1988, S. 129; Whalen 1984, S. 47).

Aus Kriegsfolge-Forschungen zum Zweiten Weltkrieg ist bekannt, dass die meisten Menschen nach 1945 kaum Zeit fanden oder nicht die Kraft hatten, über ihre belastenden oder traumatischen Kriegserfahrungen zu sprechen. Dies galt nicht zuletzt für Familien, in denen Kriegerwitwen ihre Kinder alleine aufzogen (Schnädelbach 2009, S. 68; siehe Kapitel 6). Man glaubte, dass sich Kinder schnell ›erholten‹ und keine langfristigen Schäden davontrügen. Wenn sie nur ausreichend gesunde Kost und Erholung in frischer Luft bekämen, könnten ihre seelischen Wunden bald verheilen. Wir wissen heute jedoch, dass sie ihren Schmerz und ihre Trauer um den im Krieg gefallenen Vater häufig ›seelisch einkapselten‹, was zu bleibenden Narben führte, die oft erst im Alter neu aufbrachen. Den Kindern des Ersten Weltkriegs mag es ähnlich gegangen sein, weshalb sich vor dem Hintergrund der Kenntnisse aus Untersuchungen zu Kindheiten im Zweiten Weltkrieg und ihren Folgen Fragen formulieren lassen, denen im Folgenden nachgegangen werden soll: Welche Bedeutung hatten die psychisch und physisch versehrt heimkehrenden Väter in den Familien? Wurde »Kriegshinterbliebenen«, also vaterlosen Kriegswaisen und ihren Müttern, im öffentlichen Gedenken Aufmerksamkeit zuteil? Gab es Menschen, die den Kriegskindern während ihrer Adoleszenz, das heißt als Jugendlichen, Halt gaben, und jenseits der Familien Umgebungen, die ihnen Orientierung boten? Stellten weitere Belastungen wie die Inflation und die wirtschaftlichen Krisenerscheinungen in der Endphase der Weimarer Republik, so etwa die problematische Arbeitsmarktlage, Heranwachsende und junge Erwachsene aus der hier im Fokus befindlichen Altersgruppe vor Probleme, die sie zusätzlich generationell prägten?

Über die Frage, unter welchen Lebensumständen Väter und Mütter der Kriegskindergeneration des Zweiten Weltkriegs nach 1918 aufgewachsen waren und ob bzw. wie sich die anschließenden unsicheren wirtschaftlichen und politischen Verhältnisse auf ihre Zukunftsplanungen ausgewirkt hatten, ist in vielen Familien ebenso wenig bekannt wie über die Weltkriegsjahre. Karin H. etwa, 1938 geboren und nach dem Zweiten Weltkrieg kriegsbedingt ohne Vater aufgewachsen, erinnert sich daran, dass ihre Mutter,

1909 geboren und ebenfalls vaterlos, »im Sommer barfuß zur Schule zu gehen musste, weil einfach kein Geld für Schuhe da war [...] Manchmal musste sie oder ihre Schwester zu Hause bleiben, weil nur ein Kleid für den Schulbesuch zur Verfügung stand.« Heidemarie Molkenthien, 1944 geboren und auch vaterlos, erinnert sich ebenfalls nur bruchstückhaft an die Lebenssituation ihrer Eltern nach dem Ersten Weltkrieg. Von ihrer Mutter berichtet sie 2013 im Gespräch mit der Verfasserin, dass diese mit vier Geschwistern in großer Armut aufwuchs: »Was ich weiß ist, dass sie sich immer einen Schulranzen gewünscht hat. Aber ihre Bücher wurden nur mit einem Riemen zusammengehalten. Die Familie wohnte in einem Mietshaus in zwei Zimmern [...].« Waltraud Rose Reiber, Jahrgang 1936, beschäftigt sich intensiv mit dem Tagebuch ihrer 1901 geborenen Mutter, in dem die Umbrucherfahrungen Heranwachsender zwischen Kriegsende und Revolutionswirren anschaulich zutage treten. Sie kann ihre Mutter zwar nicht mehr nach deren Wahrnehmung des Kriegsendes oder der von 1918 bis 1920 grassierenden sogenannten Spanischen Grippe, eine massenhaft Opfer fordernde pandemische Viruserkrankung, befragen, von der auch ihre Familie in Mitleidenschaft gezogen war; es bleiben ihr jedoch folgende Tagebuchzeilen der Mutter Gertrud Vosseler:

> »Sonntag, den 8. Dezember 1918: Wieviel hat sich in letzter Zeit geändert. Wir haben seit dem 11. November 1918, 11 Uhr Waffenstillstand, aber von den Feinden diktierten, schrecklichen. Unsere Front wich immer mehr, der Krieg hatte zu sehr an die Nerven gegriffen. [...] Am 9. November, meinem 17. Geburtstag, war ein trauriger Tag; die Revolution in Stuttgart. – Außerdem war Mutter noch an der Grippe krank; sie lag 3 Wochen, 2 führte ich den Haushalt, es war schauderhaft! [...] 24. April 1919: Vielleicht lebe ich nicht mehr zu lang, in den Zeiten des Bürgerkriegs. Vom 1.–8. April war ja Streik bei uns. Kein Gas! Die Läden geschlossen! Belagerungszustand! Nach 9 Uhr abends kein Straßenverkehr mehr!«

Es bedarf sicher der Auswertung einer größeren Zahl zeitnaher ›Ego-Dokumente‹, beispielsweise von damaligen Tagebuchaufzeichnungen, um verallgemeinerbare Aussagen ›herausfiltern‹ zu können. Viele individuelle Lebensgeschichten einzelner Kriegskinder des Ersten Weltkriegs werden auch dann noch schemenhaft bleiben; Quellen wie die rund 90 Seiten umfassenden Aufzeichnungen der soeben zitierten Gertrud Vosseler werden erst vor dem Hintergrund einer breiteren Tagebuchüberlieferung und anderer Selbstzeugnisse eine altersgruppen- und sozialspezifische Bedeutung erhalten; anzunehmen ist jedoch, dass sie nicht die Einzige war, die das Kriegsende und die diesem folgenden politischen und sozialen Wirren als in hohem Maße bedrohlich erlebte. Nachdem sie bereits in den Kriegsjahren mehrere Bombenangriffe auf Stuttgart und den Verlust von Familienangehörigen erlebt und ihren Vater als abgearbeitet und nervös sowie sich selbst als zunehmend kraftlos beschrieben hatte, bezeichnete sie die Revolutionswirren mehrfach mit dem Stichwort »nervös« und beschrieb ihren körperlichen und seelischen Zustand als »müde« und »zum Heulen«, ja sogar als »lebensmüde«. Die hier sichtbare grundlegende ›Erschöpfung‹ mag eine unter weiteren, im Folgenden thematisierten zeitspezifischen Facetten der Jugend- und ersten Erwachsenenjahre der zwischen 1900/1902 und 1914/1918 Geborenen darstellen, die auf exemplarische generationelle Erfahrungen zumindest hindeuten.

Abbildung 24: »Kinder ihrer Zeit« (Olaf Gulbransson). Aus: Simplicissimus, *24. Jg. 1919, Nr. 9, S. 120*

4.2 Hilfsleistungen in großem Stil

Ein Großteil der Kinder und Jugendlichen lebte nach Ende des Ersten Weltkriegs in problematischen, viele sogar in sozial erbärmlichen Verhältnissen; ein optimistischer Blick in die Zukunft sei also unter den gegebenen Umständen nicht möglich, bilanzierten im November 1918 die Unterzeichner eines vielbeachteten »Aufrufs an Deutschlands Jugend« die Situation nach Kriegsende (Berliner Tageblatt 17.11.1918, S. 7; Kessler 1988, S. 373f.) Zu den Unterzeichnern gehörten neben dem Schriftsteller und Diplomaten Harry Graf Kessler (1868–1937) weitere Angehörige des diplomatischen Dienstes (Reinthal 2007, S. 31).

Abbildung 25: Knecht Ruprecht bringt den Kindern Brot (W. Steinert). Aus: Der wahre Jacob, *36. Jg., Nr. 781, Weihnachtsnummer 1919, Titelseite*

Unmittelbar nach dem Waffenstillstand im Mai 1919 erschien dann eine ebenfalls mit breiter Resonanz wahrgenommene Schrift über Folgen des kriegsbedingten Hungers für Kinder. Herausgegeben wurde sie von dem Theologen und Pazifisten Friedrich Siegmund-Schultze (1885–1969), dem damaligen Leiter des Berliner Städtischen Jugendamtes, der 1911 in Berlin die Soziale Arbeitsgemeinschaft Berlin-Ost ins Leben gerufen hatte, einen Zusammenschluss von Personen, die sich intensiv auf dem Gebiet der Jugendarbeit engagierten (Siegmund-Schultze 1917, 1919; vgl. Wietschorke 2013). An dieser Veröffentlichung mitgearbeitet hatten unter anderem der Präsident des Reichsgesundheitsamtes, Franz Bumm (1861–1942), der Professor für Sozialhygiene und sozialdemokratische Reichstagsabgeordnete Alfred Grotjahn (1869–1931) (vgl. Grotjahn 1932) sowie viele Jugendpfleger. Unter ihnen befand sich auch der Vorkämpfer für die Reformierung der Fürsorgeerziehung und des Jugendstrafvollzugs Walter Herrmann (1896–1972), einer der späteren Mitgründer der »Gilde Soziale Arbeit«, die ›aus jugendbewegtem Geist‹ ab 1925/1926 vielfältigen Hilfestellungen für sozial Benachteiligte und Heranwachsende anbot. Die Stichworte »Hungersterben« oder »Kindermord von Bethlehem« in der Schrift Siegmund-Schultzes (Siegmund-Schultze 1919, S. 4), verweisen auf die Atmosphäre, in der nach 1918 über Kriegsschuldfragen gestritten wurde (siehe Kapitel 4.3). Hierbei handelte es sich jedoch nicht um eine Anklage gegen Großbritanniens »Hungerblockade«. Vielmehr machte Siegmund-Schultze ausdrücklich auf die segensreiche Tätigkeit der Quäker aufmerksam (Deutsches Historisches Museum 1995/1996), warnte indes zugleich vor längerfristigen Auswirkungen auf ein sich eventuell abzeichnendes »lebenslanges Siechtum« vieler betroffener Kinder (Siegmund-Schultze 1919, S. 4).

Die Reaktionen auf das Bekanntwerden besagten ›Kinderelends‹ waren vielfältig. Zusammen mit seiner Schwester Wilma de Brion (1877–1963) besuchte Harry Graf Kessler im März 1920 ein Kinderheim auf dem Monte Verità bei Ascona. In seinem Tagebuch heißt es dazu: »52 arme deutsche Kinder, die hier als Kriegsruinen verpflegt werden. Blockade Opfer, im Grunde schrecklicher als die Toten auf den Schlachtfeldern.« Unter dem Eindruck eines zweiten Besuchs schreibt er wenige Tage später: »Die deutschen Kindchen. Ungeheure Freude beim Wiedersehen des Chokoladen

Onkels. Die Hässlichkeit u. Verkrüppelung noch packender als das erste Mal« (Reinthal 2007, S. 294, 296). Im Anschluss an den eingangs erwähnten Aufruf Kesslers schlossen sich einige der daran Beteiligten in einem Club zusammen und gründeten eine Zeitschrift mit dem Titel *Deutsche Nation. Eine Zeitschrift für Politik*. Als Sonderheft brachte Kessler im November 1920 *Die Kinderhölle in Berlin* heraus, eine mit aufrüttelnden Bildern illustrierte Schrift, in der er das massive Elend von Unterschichtenkindern in Berlin anprangerte (Kessler 1920).

Hier wachse eine Generation unter elenden Bedingungen mit trockenem Brot, Kaffeeersatz und Wassergemüse heran, für die lediglich die Quäkerspeisungen eine Linderung der akuten existenziellen Not bedeuteten. Kessler, der sich an zeitgenössischen Debatten um den zu schaffenden ›neuen Menschen‹ beteiligte, sah angesichts der Lebensverhältnisse der Jugend wenig Hoffnungen für die heranwachsende Generation und somit auch schlechte Voraussetzungen für den um die Jahrhundertwende noch optimistisch gefeierten Aufbruch in ein Jahrhundert des Kindes und der Jugend. Kurt Tucholsky (1890–1935) unterstützte Kessler Ende November mit einem ausführlichen Artikel in der *Freien Welt. Illustrierte Wochenschrift der USPD* (Tucholsky 1920). In dem mit einigen Bildern Kesslers aus der *Kinderhölle* illustrierten Artikel klagt Kurt Tucholsky unter dem Pseudonym Ignaz Wrobel die Oberste Heeresleitung, namentlich Paul von Hindenburg (1847–1934) und Erich Ludendorff (1865–1937) sowie weitere »tobsüchtige Preußen« an, für den Krieg und seine Folgen verantwort-

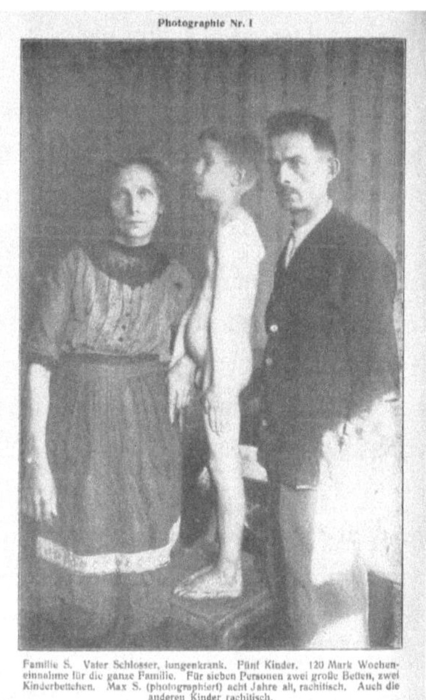

Photographie Nr. I

Familie S. Vater Schlosser, lungenkrank. Fünf Kinder. 120 Mark Wocheneinnahme für die ganze Familie. Für sieben Personen zwei große Betten, zwei Kinderbettchen. Max S. (photographiert) acht Jahre alt, rachitisch. Auch die anderen Kinder rachitisch.

Abbildung 26: Fotografie Nr. 1 aus: Harry Graf Kessler: Die Kinderhölle in Berlin, Die Deutsche Nation, *Sonderheft November 1920, o. S.*

lich zu sein. Vor allem rief er zur Hilfe für rachitische, tuberkulöse und unterernährte Kinder sowie ihre Familien auf. Auch in der *Weltbühne* fand er starke Worte:

> »Sieben, zehn, dreizehn Menschen schlafen in einem Raum, in den kein Agrarier seine Schweine hineintreiben würde […]. Kümmerliche Ordnung, der kümmerlich aufflackernde Wille, nicht zu verlausen. Und alles vergebens. Der Friedenskram an den Wänden zerbröckelt. Neuen kann man nicht kaufen. In Aller Augen: Es hat ja doch keinen Zweck. Die glücklichen Kinder sterben. Die andern tun so, als ob sie lebten« (zit. bei Kessler 1988, S. 377).

Die Kessler'sche Schrift löste eine nicht erwartete Spendenflut aus, die den Autor und einige Mitstreiter im Dezember 1920 zur Gründung der »Wirtschaftshilfe Kinderhölle« bewog (Kessler 2007, S. 342, 569, 582f., 792f.; vgl. Schaps 1925); darauf folgten ›Begehungen‹ von Armenwohnungen in Berlin mit der englischen Botschaftergattin und dem französischen Journalisten Robert de Jouvenel (1881–1924). Die Wirkung dieser Initiative für die Notleidenden sollte nicht überschätzt werden, sie wirft jedoch ein Licht auf die Wahrnehmung der nach Ende des Ersten Weltkriegs sich dramatisch zuspitzenden Versorgungssituation von Kindern und Jugendlichen.

Notleidende Kriegskinder in Deutschland und Österreich erhielten von den Quäkern und der »American Relief Administration« (A.R.A) Unterstützung. Letztere war eine zunächst US-regierungsamtliche, dann als »A. R. A. European Children's Fund« privat bis 1924 europaweit arbeitende humanitäre Organisation (Reischl 1919, 1921, 1922/1923). In einer zugleich englisch- und deutschsprachigen Publikation über die Verhältnisse in Wien, die an die amerikanische Jugend gerichtet war, wurde besonders auf die zahlreichen »herumstreichenden« Kinder aufmerksam gemacht, die mittlerweile »überhaupt jede Obhut und Erziehung, sei sie noch so liebevoll und geduldig, ablehnten« (ebd. 1919, S. 78). Unter reger Anteilnahme der Presse wurden die »Ausspeisungen«, also die gut organisierte und umfangreiche Versorgung bedürftiger Kinder in Österreich, als humanitäre Maßnahmen gewürdigt und dabei besonders die Verdienste Herbert Hoovers (1874–1964), des damaligen Chefs der amerikanischen Lebensmittelversorgung für Europa mit Sitz in Paris und späteren Präsidenten der Vereinigten Staaten, sowie des Leiters der Wiener Universitätskinderklinik und Vorsitzenden des Völker-

Abbildung 27: Willy Römer: Nachkriegs- und Inflationszeit. Kinder suchen in Müllkästen nach Essbarem (1919)

Abbildung 28: Willy Römer: Berliner Jungen auf der Suche nach Lebensmitteln (1919)

Abbildung 29: Willy Römer: Schulspeisung der Religionsgemeinschaft »Die Quäker« (1920er Jahre)

bundkomitees für Säuglingsfürsorge, Clemens von Pirquet (1874–1929) als gewissermaßen transatlantisches Unternehmen hervorgehoben. Die Danksagungen der Kinder sind Dokumente, von denen sowohl damals, unmittelbar nach dem Ersten Weltkrieg, wie auch heute noch Menschen angesprochen werden. Von einer Siebenjährigen etwa wurde bei der Eröffnung der amerikanischen Kinderausspeisung in Wien ein Gedicht in englischer Sprache vorgetragen, in dem sich folgende Zeilen finden:

> »Amerikas Männer und Frauen, habt Dank,/Dass ihr uns sendet Speis und Trank!/In diesem schrecklichen Krieg und Streit/Litten wir Kinder furchtbares Leid/[...] Drum seid ihr gekommen, uns Brot zu geben/und stark zu machen, was schwach und krank –/[...] Wir wollen gedenken dieser Leiden/Und Krieg und Hass unser Lebtag meiden« (Reischl 1919, S. 5).

Mit einer eindrucksvollen Lithografie *Wien stirbt! Rettet seine Kinder!* unterstützte Käthe Kollwitz diese Maßnahmen und entwarf in der Folgezeit weitere Grafiken für Kinderhilfswerke, zum Beispiel 1924 *Deutschlands Kinder hungern* für die Internationale Hungerhilfe.

Abbildung 30: Käthe Kollwitz: Wien stirbt, rettet seine Kinder! (1920)

Für ein Ende der Fixierung auf nationalpolitische Interessen trat auch der irisch-britische Schriftsteller, Literaturnobelpreisträger und Pazifist George Bernard Shaw (1856–1950) ein (Shaw 1914). Im Vorwort einer ausführlichen Kompilation des *Familienlebens in Deutschland unter der Blockade (Family Life in Germany under the Blockade)*, 1919 in englischer Sprache in London erschienen, plädierte er für ein Ende des kriegerischen Gegeneinanders in Europa und untermauerte sein eindringliches Votum für Versöhnung argumentativ in mehrfacher Hinsicht, um Nationalisten und Deutschland-Skeptiker zu überzeugen. Seiner Ansicht nach grenzte es an Missbrauch des Sieges Englands und seiner Verbündeten, wenn der Hass gegenüber den deutschen »Hunnen« so weit ginge, dass den Kriegskindern in Europa nicht geholfen werde (Shaw 1919, S. 5). Es sei leicht, von Coventry aus zu fordern, man solle den deutschen Kaiser hängen; in Köln dagegen – um ein Beispiel für die deutsche Perspektive zu geben – sehe die Lage natürlich ganz anders aus. Britische Väter und Mütter sollten ernsthaft darüber nachdenken, welche Antwort sie ihren Kindern eines Tages auf deren Frage geben könnten, was sie denn nach Kriegsende getan hätten: den Tod des deutschen Kaisers zu fordern oder den Kindern zu helfen. Humanitäre Hilfe sei außerdem nicht nur aus einem selbstverständlichen Mitgefühl heraus zu leisten, sondern auch eine Notwendigkeit im Sinne vorausschauenden Denkens. Wie schließlich könnten sich in Deutschland die Verhältnisse stabilisieren und das Land seinen Reparationsverpflichtungen nachkommen, wenn die Not nicht gelindert werde? Bemerkenswert an dem umfangreichen, dem Vorwort von Shaw folgenden Bericht über das *Familienleben in*

Deutschland unter der Blockade ist zum einen, dass darin deutsche Experten wie Adalbert Czerny oder die Parlamentarierin Marie Baum (1874–1964) zitiert wurden. Zum anderen kamen führende britische Politiker zu Wort, die die Dringlichkeit umfassender weitsichtiger Hilfsmaßnahmen unterstrichen. Ohne ein stabiles Deutschland könne es kein stabiles Europa geben, so die Kernbotschaft von Lord Robert Cecil (1864–1958), einem der maßgeblichen Förderer des Völkerbundgedankens, von Außenminister Earl George Curzon (1859–1925) und von General Jan Christiaan Smuts (1870–1950), der dem britischen Kriegskabinett angehört hatte.

Zu den perspektivischen Initiativen kamen über Speisung und unmittelbare medizinische Versorgung hinaus die unterschiedlichsten Formen der Kindererholung hinzu. Außerdem wurden Kinderdörfer und -heime für Kriegswaisen ins Leben gerufen. Ein Beispiel aus Ascona wurde bereits erwähnt; weitere seien genannt, ohne auf ihre Geschichte näher einzugehen: Elsa Brandström (1888–1948) gründete das Heim »Neusorge« im sächsischen Mittweida, das sie bis zum Jahre 1930 betrieb (Padberg 1989, S. 118–136; Suhr 2006, S. 498f.; Lieker-Wentzlau 1933, S. 17, 63, 70). Siegfried Bernfeld (1892–1953), der sich bereits während des Ersten Weltkriegs mit dem Kriegswaisenthema befasst hatte, und seine Frau, die Ärztin Anne Salomon (1892–1941), widmeten sich ab 1919 für kurze Zeit in dem Kinderheim »Baumgarten« der Erziehung jüdischer Kriegswaisen aus Galizien (vgl. Barth 2010; Bernfeld 1921). Der Arzt Siegfried Lehmann (1892–1958) baute ab 1921 in Kowno in Litauen ein Heim auf, in dem »durch den Krieg verstörte und entwurzelte junge Menschen medizinisch, pädagogisch und auf sozialem Gebiet betreut werden sollten« (Internetportal Jüdische Ärzte in Deutschland). 1926 gelangten die

Abbildung 31: Käthe Kollwitz: Deutschlands Kinder hungern *(1924)*

ersten der von ihm betreuten Kriegskinder nach Palästina in das Jugendkibbuz Ben Schemen, das nach Lehmanns Vorstellungen mehr als nur eine Waisenkindersiedlung sein sollte, nämlich eine Mustersiedlung und »Kinderrepublik« in zionistischem Geist zum Aufbau eines jüdischen Staates, in die reformpädagogische Grundgedanken der Jahrhundertwende Eingang fanden. Der mehrwöchigen Erholung dienten weitere »Kinderdörfer«, so wurde beispielsweise von dem Pädagogen August Jaspert (1871–1941) im Auftrag der »Frankfurter Kinderhilfe«, einer privaten Initiative, als Erholung für Kriegskinder das Kinderdorf »Wegscheide« bei Bad Orb im Spessart in ehemaligen Kasernen eingerichtet. Tausende von Frankfurter Schülern, besonders Bedürftige der ersten und zweiten Klassen der Volksschulen (darunter viele, die finanzielle Unterstützung durch das städtische Jugendamt erhielten) verbrachten hier einige Wochen lang in ländlicher Umgebung, unter fürsorglicher Aufsicht und bei guter Verpflegung, an der es zu Hause mangelte (Matron 2012, S. 140–143; vgl. Hessisches Institut für Lehrerfortbildung 1994).

Abbildung 32: Eine Klasse der Bornheimer Mittelschule im Kinderdorf Wegscheide bei Bad Orb um 1925

In Klappholttal auf Sylt ermöglichte der Arzt Knud Ahlborn (1888–1977) – ebenfalls in einstigen Militärbaracken und wie Jaspert aus jugendbewegt-reformerischem Impetus heraus – gesundheitlich geschwächten Kindern einen Ferienaufenthalt (Andritzky/Friedrich 1989); der Pädagoge Fritz Klatt folgte einem vergleichbaren Impuls und betrieb ein Heim für »hungergeschädigte Kinder« in Prerow an der Pommerschen Ostseeküste (Amlung et al. 2008, S. 96).

Der österreichische Sozialist Otto Felix Kanitz (1894–1940), Leiter eines Kinderheims und einer Ausbildungsstätte für Erzieher sowie engagiertes Mitglied der sozialistischen Kinderfreunde-Bewegung, plädierte dafür, die besondere Lage der vaterlosen Kriegswaisen in Heimen und Erholungslagern während der Ferien und bei wöchentlichen Zusammenkünften in den Kinderfreunde-Gruppen zu berücksichtigen. Sein praktischer Ratschlag lautete:

> »Wie schön wäre es doch, wenn der kluge sozialistische Ausflugsführer es dahin bringen könnte, dass alle Kinder ihren Proviant zusammenlegen und jeder gleich viel erhält, damit nicht das Kind des besser bezahlten Arbeiters ein gut bestrichenes Brot mit Wurst belegt isst und das Kind der Kriegerwitwe mit seinen großen hungrigen Augen hinüberblickt und sein eigenes trockenes Stückchen Brot kaum hinunterwürgt« (Kanitz 1920, S. 188).

In Privatbesitz haben sich einige Gruppenaufnahmen während solcher Heimaufenthalte und Kuren erhalten, welche in der persönlichen Erinnerung einzelner Teilnehmer rückblickend eine ›schöne Zeit‹ bedeutet haben dürften, in der sie in Gemeinschaft mit anderen Kindern umsorgt wurden und satt werden konnten. Eine Angehörige der Kriegskindergeneration des Zweiten Weltkriegs, Heidemarie Molkenthien, hat ein solches Foto aufbewahrt, das ihre Mutter in einem Kinderheim in Hessen Mitte der 1920er Jahre zeigt. Sie schreibt 2013 an die Verfasserin, leider könne sie

> »nicht viel über die Lebensumstände ihrer Mutter in dieser Zeit aussagen. Es ist niemand mehr da, den ich danach fragen könnte. Über das Thema Erster Weltkrieg wurde eigentlich nie geredet. Die Familie meiner Mutter lebte mit insgesamt 5 Kindern in einem Vorort von Kassel. Meine Mutter war das jüngste Kind. Sie war wohl ein unkompliziertes und fröhliches Kind. Von Hunger hat sie nie erzählt. Aber von großer Armut […]. Es existieren einige Bilder. Von einem Erholungsaufenthalt hat sie auch immer gerne erzählt. Auch davon existiert noch ein Bild.«

Abbildung 33: Auguste Mayfarth, vordere Reihe, dritte von rechts, während eines Kuraufenthaltes für erholungsbedürftige Kinder im hessischen Weilmünster im Jahre 1925

Abbildung 34: Auguste Mayfarth im Alter von etwa 12 Jahren

Der Psychohistoriker Peter Loewenberg (1933 geboren) würde solche Fotos vermutlich nachdenklich kommentieren und nach den fotografisch kaum abbildbaren Kriegsfolgeschäden der hier gezeigten Kinder fragen. Neben psychischen würde er möglicherweise auch nach damals vielleicht noch nicht sichtbaren, geschweige denn diagnostizierten physischen Folgeerscheinungen von Mangelernährung und Hunger über das Kriegsende hinaus fragen. In einem seiner Aufsätze, in dem er sich mit häufig nur schwer bzw. spät entzifferbaren lebenslangen Spuren von Kriegskindheitserfahrungen einzelner Betroffener beschäftigt, berichtete er Folgendes: Nach dem Zweiten Weltkrieg sei er mit seiner Mutter, die bereits in ihren 60ern war, zu einem Augenarzt gegangen. Ihre Netzhaut sei in einer Weise vernarbt gewesen, wie man das infolge von chronischer Unterernährung kenne. Dafür gab es eine Erklärung: Loewenbergs Mutter hatte während des Ersten Weltkriegs als Kind gehungert (Loewenberg 2005, S. 10).

Abbildung 35: Großeltern von Heidemarie Molkenthin, undatiert, mit drei ihrer fünf Kinder in den 1920er Jahren. In der Familie von Heidemarie Molkenthin wurde das Bild »das Armutsbild« genannt

4.3 Politische Debatten um Kriegsschuld und Kriegsgedenken

Aktionen wie die oben beschriebene des Grafen Kessler waren zweifellos in besonderer Weise medienwirksam; darüber hinaus gab es jedoch viele weitere regionale und lokale Initiativen und Vereine, die sich für Kriegskinder in Not einsetzten und im Gegensatz zu Kessler ihre Aktivitäten und Aufrufe mit Fragen der Kriegsschuld verknüpften, so zum Beispiel der mitgliederstarke 1918 gegründete »Hilfsbund der Münchener Einwohnerschaft«, der 1921 ein Buch mit dem Titel *Das Münchner Kind nach dem Kriege* herausbrachte, mit dem auf die Not aufmerksam gemacht und Hilfskräfte mobilisiert werden sollten. Diesem Bund dienten die spezifischen Wachstums- und Entwicklungsprobleme der Kinder, die unter Unterernährung und anderen kriegsbedingten Beeinträchtigungen gelitten hatten, als Argument, die Siegerstaaten, allen voran England, anzuklagen, der Krieg sei rücksichtslos auf Kosten der deutschen – unschuldigen – Zivilbevölkerung geführt worden. Auch in den auflagenstarken *Süddeutschen Monatsheften*, einer nationalkonservativ ausgerichteten Kulturzeitschrift, oder in Publikationen der bürgerlichen Frauenbewegung sowie in Stellungnahmen von Parlamentariern unterschiedlicher politischer und weltanschaulicher Ausrichtung wurde die ›Unmenschlichkeit‹ der alliierten Kriegsführung unter Berufung auf die Kinder als zentrale Kriegsopfergruppe heftig kritisiert. 1920 widmeten die *Süddeutschen Monatshefte* den Stichworten »Volksgesundheit«, »Kinder« und »Kriegsschuld der Siegermächte« das gesamte Aprilheft und setzten diese Diskussionen auch 1922 und 1923 in regelmäßigen Abständen fort (Pfaundler 1920a, b).

Insofern stand auch der Jurist und Präsident des Reichsversicherungsamtes Paul Kaufmann (1856–1945) in einer Denktradition und vertrat keine Einzelmeinung, wenn er 1923 behauptete, mit dem Versailler Friedensvertrag habe Deutschland »entvölkert und wirtschaftlich vernichtet« werden sollen, nachdem die Hungerblockade im Krieg bereits große Teile der Bevölkerung geschwächt habe. Er nannte die Entwicklung »tragisch« und erhob die schwersten Vorwürfe gegenüber den »Siegern« angesichts des »namenlosen Unglücks in der deutschen Kinderwelt«. Stärker noch als vor dem Krieg sei deshalb Wert auf ›gesunden‹ und ›tüchtigen‹ Nachwuchs zu legen (Kaufmann 1922/1923, S. 48). Es sei die Pflicht aller verantwortungsbewussten Bürger, »selbst gesund zu sein und Gesunde und Tüchtige zu erzeugen«, ereiferte sich auch der Direktor des Hygienischen Instituts der Universität München, Max von Gruber (1853–1927), Eugeniker und einer der Mitbegründer der Deutschnationalen Volkspartei in Bayern (von Gruber 1922/1923, S. 67). Aus dem preußischen Ministerium für Volksgesundheit hieß es, dass der Weltkrieg, der in einem Atemzuge mit dem Friedensschluss und der gesundheitlich prekären Situation zahlreicher

Kinder nach Kriegsende genannt wurde, als »Krieg gegen die deutsche Volksgesundheit« geführt worden sei (Krohne 1922/1923, S. 79). Ellen Keys Aufforderung an die Mütter gegen Kriegsende 1918, sich der verbreiteten Forderung zu widersetzen, »auf Kosten unerhörter Leiden eine neue Generation zu schaffen«, die dazu »bestimmt« sei, möglicherweise »in zwanzig Jahren neue Schützengräben auszuheben« (Key 1918, S. 652), war wohl eher eine Einzelstimme. Der Mehrheitsmeinung der deutschen Bevölkerung nach war die Frage der Schuldzuweisung eindeutig zu beantworten: Indem die deutsche Zivilbevölkerung als Opfer des Krieges dargestellt wurde, ließ sich die Frage nach den tatsächlichen Kriegsursachen und nach deutscher Schuld in eine Frage nach der Leidensgeschichte unschuldiger Kinder umwandeln.

In den Linksparteien dagegen ergriffen einige Parlamentarier im Reichstag vor allem in den Jahren von 1921 bis 1923/1924 die Gelegenheit, die Verantwortung bzw. Kriegsschuld *deutscher* Politiker im Krieg im Zusammenhang mit dem Stichwort »Kinder« herauszustellen. Otto Rühle (1874–1943) etwa gab zu bedenken, man dürfe bei aller Kritik an den Bedingungen des Friedensschlusses die deutsche Verantwortung für den Krieg nicht vergessen (Rühle 1922, S. 11). Gleichwohl schloss auch er sich im Jahre 1922 – unter ausdrücklicher Bezugnahme auf Kesslers *Kinderhölle* (siehe Kapitel 4.2) – in einer stark überarbeiteten Fassung seines 1911 erstmals erschienenen Buches *Das proletarische Kind* den verbreiteten pessimistischen Prognosen bezüglich der Kriegsfolgen für eine »neue Generation« an: Besonders für die proletarischen »Kriegskinder« komme zum »Verhängnis« ihrer »Abstammung« nun eine kriegsbedingte Verelendung hinzu, die er als »Tragödie«, »Kinderopfer«, »bethlehemitischen Kindermord« und »hoffnungsloses Danaidentum« bezeichnete. Skrofulose, Rachitis, Tuberkulose, »physische Verkümmerung« wie das »Kleinbleiben der Kinder« seien Folgen der Klassenlage und soziale Krankheiten, die infolge der Kriegseinwirkungen und -folgen verstärkt würden und die auch die Speisungen aus dem Ausland nur punktuell lindern könnten (Rühle 1922, S. 177f., S. 57, 117, 119, 172, 176, 190).

Im April 1922 richtete der Arzt Julius Moses (1862–1941), zunächst Abgeordneter der USPD, dann ab September 1922 der SPD, in einem längeren Redebeitrag im Reichstag sein Augenmerk auf die Kriegsopfer, also auf die an Erschöpfung und Unterernährung leidenden Kinder (Reichstagsprotokolle, 1. Wahlperiode, 203. Sitzung, 5. April 1922, S. 6882–6887). Die Reichsregierung habe im Krieg ebenso versagt und die Bevölkerung getäuscht wie führende Kinderärzte, die das Problem kindlicher Unterernährung heruntergespielt hätten. Moses verband seine verbalen Angriffe außerdem mit einer ausgiebigen Kapitalismuskritik: Die Kinder aus proletarischen Familien seien die Hauptleidtragenden, da sie zusätzlich zu den Kriegsfolgen auch aufgrund ihrer sozialen Herkunft belastet seien. Außerdem bahne sich neues Massenelend an, weshalb sich im Parlament verständlicherweise Nervosität und Reizbarkeit bemerkbar machten. Im Februar 1923 erhoben Moses und andere Parlamentarier der sozialistischen Parteien ein weiteres Mal Anklage (Reichstagsprotokolle 1923, S. 9743, 9790). Angesichts der massiven Wirtschafts- und Ernährungsprobleme des Inflationsjahres 1923, die sich in Streiks, wirtschaftlicher Absperrung des Ruhrgebiets und Produktionsausfällen äußerten, enthielt der Vergleich zwischen den prekären Lebensverhältnissen im Krieg und der dramatischen Ernährungssituation des Jahres 1923 zweifellos erheblichen politischen Sprengstoff.

Ebenfalls ›umkämpft‹ waren Totengedenken und Trauerformen, bei denen nicht nur gefallene Krieger, sondern auch Witwen und Kinder als Kriegshinterbliebene in angemessener Form einbezogen werden sollten. Nationalistische und pazifistische Haltungen standen sich hier unversöhnlich gegenüber. Die Gedenkfeiern im Reichstag (besonders die dort gehaltenen Reden), und nicht nur Feierlichkeiten, die im Parlament abgehalten wurden, sondern auch beispielsweise in Schulen, boten kaum Raum für die Trauer der Witwen und Waisen. Es dominierten Ehrbezeugungen für die gefallenen »Kameraden«, in denen diese als Helden stilisiert wurden; die toten Väter und ihre ›verlassenen‹ Familien wurden jedoch zumeist nicht erwähnt. Besonders verbreitet bei Feierlichkeiten, auch in Schulen, war das allgegenwärtige Lied *Ich hatt' einen Kameraden*, in dem es bekanntlich um den Abschied von zwei Kriegskameraden geht (Kaiser 2010, S. 82–89).

Die Forderung, Ehefrauen und Mütter hätten dem Tod ihrer Männer heroisch ins Auge zu sehen, war bereits in den Kriegsjahren nachdrücklich erhoben worden, und es war verpönt, Kummer zu zeigen. Für Tränen gab es auch im facettenreichen und eng mit politischen Debatten um die deutsche Niederlage und die Kriegsschuldfrage verknüpften Gefallenengedenken nach 1918 im öffentlichen Raum so gut wie keinen Platz. Vor allem Langemarck und Ypern standen in diesen Zusammenhängen symbolisch für die zahlreichen Opfer des Stellungskriegs in Flandern und Nordfrankreich, die in der »Kriegs*erzählung*« in einen ›Sieg‹ umgedeutet wurden (vgl. Ketelsen 1985; Krumeich 2001). Die Toten seien nicht umsonst gestorben, sondern lebten – so die Botschaft – mit einem Auftrag an die noch Lebenden weiter; letztere hätten ein »Erbe« zu übernehmen und ein »Werk« zu vollenden. Auf manchen Kriegerdenkmälern findet sich der unmittelbare Ausdruck eines solchen Vermächtnisses bildlich dargestellt. Versehrte, leidende Männer bildeten eher die Ausnahme, denn dem Bild bzw. Mythos des Soldaten entsprachen steinerne Helden,

> »den Arm vorgestreckt [...] Als hätte man zum Angriff geblasen, und sie hätten nur darauf gewartet. [...] Man sieht nie einen sich auf sein Holzbein stützen, man sieht nie einen ohne Nase wie die antiken Statuen, man sieht nie einen verdreckt, verschmutzt, verwundet. Die Soldaten auf den Mahnmalen sind gut gekleidet, sie sind vorschriftsmäßig, mustergültig. Sie haben nie Kummer« (Olmi 2003, S. 82f.).

Neben traditionellen kirchlichen Formen des Totengedenkens gab es in Deutschland eine bereits im 19. Jahrhundert etablierte Tradition der Kriegstotenehrung, die nach 1918 neuer Sinndeutungen bedurfte, denn es musste – wie soeben bereits angesprochen – erklärt werden, dass die Gefallenen ›nicht vergebens‹ gestorben waren. Der Sinn des Opfertodes wird, wie George Mosse betonte, von den Lebenden gestiftet, die das »Vermächtnis« hüten und das Opfer als Verpflichtung betrachten (vgl. Mosse 1993; Koselleck/Jeismann 1994; Dülffer/Krumeich 2002; Stoffels 2011). Krieger, die Wache halten und sich auf ihr Schwert stützen, gehörten zu gängigen Formen der Darstellung des Totengedenkens auf Tafeln und figürlichen Kriegerdenkmälern; Krieger- und Schwertsymbolik versinnbildlichten zumeist die Botschaft, die Gefallenen seien ›*für* etwas‹ gefallen.

Über Formen und Anlässe der ›Sinnstiftung‹ im Zusammenhang mit Gedenkfeiern gab es dabei durchaus kontroverse Diskussionen, die sich nicht zuletzt an dem vom »Volksbund Deutsche Kriegsgräberfürsorge«

favorisierten Volkstrauertag entzündeten. So gab es 1921 in München heftige Proteste gegen die vom Volksbund geplanten Gedenkvorhaben und -monumente: Der Finanzaufwand, so argumentierten beispielsweise die Münchener Sozialdemokraten, sei unangemessen, stattdessen sollten die Kriegsversehrten, Witwen und Waisen intensiver unterstützt werden. Vertreter der evangelischen Kirche wandten sich gegen kostspielige Denkmäler, solange keine Abhilfe gegen die »Not der Lebenden« in Sicht sei (Kaiser 2010, S. 53, 59).

Das Kriegsopfergedenken mit Blick auf Mütter und Kinder wurde auch künstlerisch verarbeitet, und zwar in den Arbeiten von Frauen, die auf diese Weise zumeist sehr persönliche Verlustfahrungen ›verarbeiteten‹, deren Erlebnisse aber nur selten in Denkmälern ihren Niederschlag fanden (vgl. Siebrecht 2013). Eine Ausnahme bildet Käthe Kollwitz, deren Skulpturen der mütterlichen Trauer um den im Krieg gefallenen Sohn gewidmet waren. Ihre Plastik *Mutter mit totem Sohn* (1937/1938) ist dafür ebenso ein Beispiel wie ihre bekannteren *Trauernden Eltern* (1932), die den Rahmen damals gängiger Denkmäler sprengten. In grafischen Arbeiten indes richtete Käthe Kollwitz den Blick auch auf kriegsüberlebende vaterverlassene Kinder und ihre Mütter. Das Plakat »Die Überlebenden/ Krieg dem Kriege« aus dem Jahre 1923 anlässlich eines Antikriegstages ist zweifellos deshalb besonders eindrucksvoll, weil Kollwitz »eine weibliche Perspektive auf den Krieg« thematisierte, nämlich auf »die Not der Überlebenden, die verstümmelten Heimgekehrten, den Kummer des Verlustes, die Depression, die der Einsicht in die Sinnlosigkeit der gebrachten Opfer folgt« (Schmidt-Linsenhoff 1987, S. 160). Es zeigt eine Mutter, die ihre Kinder mit den Armen zu schützen versucht, daneben weitere magere Kinder mit Hungergesichtern, dahinter alte gebeugte Menschen und verwundete Männer mit Binden vor den Augen.

Aus dem Jahre 1924 schließlich, in dem die künstlerischen Stellungnahmen gegen den Krieg einen Höhepunkt erreichten, stammt das wohl bekannteste Friedensmahnungs-Plakat von Käthe Kollwitz: »Nie wieder Krieg« (Schmidt-Linsenhoff 1987, S. 166; Jürgens-Kirchhoff 2002, S. 290, 296). In demselben Jahr und ebenfalls als Friedensmahnung gemeint gestaltete John Heartfield (1891–1968) eine Fotomontage, die Kinder zeigt, welche in Uniformen, angeführt von General Paul von Hindenburg,

Abbildung 36: Käthe Kollwitz: Gefallen, *Kreidelithografie. Aus:* Junge Menschen, *3. Jg. 1922, Heft 5, S. 73*

Abbildung 37: Käthe Kollwitz: Die Überlebenden/ Krieg dem Kriege *(1923)*

an einem Spalier von Skeletten vorbeimarschieren (Jürgens-Kirchhoff 2002, S. 301f.). Sie trägt die Unterschrift »Nach zehn Jahren: Väter und Söhne« und appelliert an die Betrachter, der nachwachsenden Generation das Schicksal der gefallenen Väter zu ersparen und jeder Form des Militarismus abzuschwören.

Mit dem Erstarken von nationalistisch-militaristischen Bewegungen in der Weimarer Gesellschaft in der zweiten Hälfte der 1920er Jahre verloren kritische Stimmen wie die von Heartfield oder Kollwitz an Bedeutung, und symbolische Ausdrucksformen ›stiller‹ Trauer von Müttern und Kindern blieben in Darstellungen auf Gefallenendenkmälern eine Seltenheit, wenngleich es einige eindrucksvolle Beispiele gibt, so eine in der Hamburger Altstadt errichtete Stele mit dem von Ernst Barlach (1870–1938) gestalteten Relief einer trauernden Mutter mit Kind. Das zwischen 1930 und 1932 errichtete Ehrenmal trug die Inschrift »40.000 Söhne der Stadt ließen ihr Leben für Euch«. Es wurde 1938 von den Nationalsozialisten entfernt, nach dem Zweiten Weltkrieg rekonstruiert und ist heute ein offizielles städtisches Denkmal in Hamburg, das an die Toten des Ersten und des Zweiten Weltkriegs erinnert. Barlach hat weitere Ehrenmale gestaltet, die den Kriegstod der Soldaten im Ersten Weltkrieg nicht heroisieren, sondern den Hinterbliebenen – jenseits nationaler Ehr- und Opfervorstellungen – Raum für ihren Schmerz und ihre Trauer um den Verlust von Vätern, Brüdern und Söhnen bot. Besonders bekannt dürften die *Schmerzensmutter* (1922) in Kiel und *Der Schwebende* (1927) im Güstrower Dom sein. Die Frage, inwieweit Kriegerwitwen mit ihren Kindern bei der Gestaltung von Kriegerdenkmälern nach dem Ersten Weltkrieg überhaupt ein Thema waren, ist bislang kaum gestellt worden. Die Mutter als weibliche Allegorie der Trauer hingegen, die ihren toten Sohn beweint, war fester Bestandteil des Kriegsgedenkens und ist auch in der Forschung wiederholt untersucht worden. So schreibt beispielsweise Oliver Janz: »Der Kult der Gefallenen ist fast immer auch ein Kult der Mütter, die ihre Söhne, aber auch ihre Trauer auf dem Altar des Vaterlandes opfern« (Janz 2009, S. 340). An dieser Stelle sei zumindest erwähnt, dass in Karlsruhe, wo im Ersten Weltkrieg 85 Kinder Opfer von Luftangriffen geworden waren, die Frage, ob für diesen »ungesühnten Kindermord« – so die zeitnahe Presse – ein Denkmal errichtet werden sollte, diskutiert wurde. Hier hätte sich eine Chance geboten, nicht nur den Tod kämpfender Soldaten, sondern auch den von Kindern infolge unmittelbarer Kriegseinwirkungen zum Gegenstand öffentlichen Gedenkens zu machen; der Plan für ein solches Denkmal wurde jedoch nicht ausgeführt (Süchting-Hänger 2000, S. 89; vgl. Merkel 1998).

Vor allem als Pietà, das heißt als Mater Dolorosa oder Schmerzensmutter Maria, die ihren toten Sohn Jesus beweint, ist mütterliche Trauer fester ikonografischer Bestandteil christlicher Darstellungen und lässt sich auch in der Weimarer Republik auffinden; solche Bildnisse haben aber wohl nur ein begrenztes Publikum erreicht (Siebrecht 2013). Mögen die Skulpturen von Barlach und Kollwitz auch Ausnahmen in der Masse der bildnerischen Gedenkformen in Erinnerung an den Ersten Weltkrieg in den Jahren der Weimarer Republik sein, so sind sie gleichwohl Ausdruck eines keineswegs zu unterschätzenden Bedürfnisses, die seelischen Erschütterungen angesichts der unzähligen Vermissten und Toten zu verarbeiten. Gläubige Familienangehörige haben auch an Orten Trost gefunden, die abseits staatlicher Gedenkpraktiken in kirchlichen Umgebungen der Stille die Möglichkeit boten, dafür zu beten, dass sich die Katastrophe des Weltkrieges nicht wiederholen möge. Beispiele dafür sind die 1923 auf dem Borberg bei Olsberg im Sauerland zu Ehren Mariens als »Königin des Friedens« errichtete Kapelle oder die 1929 in Frankfurt eingeweihte Frauenfriedenskirche.

4.4 Kinder und Frauen als ›Kriegshinterbliebene‹

In den Kriegsjahren wurden, wie in Kapitel 3.4 beschrieben, einerseits hohe Anforderungen an die heroische Haltung der ›Kriegerfrauen‹ gestellt und eine klaglose Bejahung ihres eventuell zu erwartenden Witwenschicksals als selbstverständlich erachtet. Auf der anderen Seite gab es jedoch nur wenig Vertrauen darauf, dass die Frauen ihre Aufgaben als alleinerziehende Mütter und Ernährerinnen der Familie auch erfüllen könnten. Entsprechende Auffassungen behielten auch nach Kriegsende ihre Gültigkeit, deren Stoßrichtung in einer Untersuchung aus dem Jahr 1920 zum Ausdruck kommt, die in den von Johannes Trüper herausgegebenen *Beiträgen zur Kinderforschung und Heilerziehung* erschien: In den unvollständigen männer- und vaterlosen Haushalten fehlten das »Oberhaupt« und der »Ernährer«;

die Halbfamilien seien materiell und moralisch gefährdet. Manche Witwen hätten nicht die Kraft, Ordnung zu halten; ohne die Männer erliege der Haushalt nicht selten »der Gefahr der gänzlichen Verlotterung« und den Frauen sei die alleinige verantwortungsvolle Erziehung der Kinder nicht in jedem Falle zuzutrauen. Teilweise seien die Mütter selbst sittlich gefährdet (Moses 1920, S. 14f.).

Das in der soeben zitierten Studie ausgewertete Aktenmaterial städtischer Armenverwaltungen ermöglicht einen Blick auf individuelle Schicksale und die Bandbreite der durch den Krieg mitverursachten Lebensverhältnisse der unteren Schichten. Hier einer der darin dokumentierten Fälle: »Der Mann ist gefallen. 1 Kind ist augenleidend. Die Frau arbeitet, wäscht und putzt. Die Verhältnisse sind ärmlich, die Frau kann sich nicht einteilen. Sie muss wegen Schulden die Wohnung räumen. Sie führt ein unsittliches Leben« (ebd., S. 63). Oder: »Die Mutter, ein lediges Dienstmädchen, kümmert sich in keiner Weise um ihr Kind. Der Vater, Soldat, sorgt auch nicht und zahlt keine Alimentation. [...] Das 2jährige Kind wird erst in Pflege gegeben, dann in einer Anstalt untergebracht« (ebd., S. 65f.). Den Berichten zufolge lebten besonders junge ledige Mütter und ihre Kinder in desolaten Verhältnissen. Letztere kamen nicht selten in Horte oder wurden ›zwangserzogen‹, weil keine weiteren Angehörigen sich um sie kümmern konnten. Wenn von ungewaschenen Kindern berichtet wurde, die ohne Nahrung und mit zerrissenen Kleidern auf der Straße spielten oder die Schule schwänzten, so wurden zugleich Grundprobleme der Armenfürsorge und Wohlfahrtspflege angesprochen, die an sozialen Brennpunkten bereits vor dem Krieg existiert, sich während der Kriegsjahre verschärft und nach 1918 weiter zugespitzt hatten. Parallel zu dem sich verbreitenden sozialen Prekariat vor allem städtischer Unterschichtenkinder intensivierten sich die Anstrengungen, diese Probleme zu bekämpfen. Dabei wurde verstärkt ein Gesundheitsbegriff zugrunde gelegt, der medizinisch somatische, seelische und moralische Komponenten beinhaltete und umfassende Hilfe erforderlich machte, die jedoch unter den sozialstaatlich eingeschränkten Möglichkeiten der Weimarer Republik nicht zustande kam (Sachße/Tennstedt 1988, S. 115).

Es fehlte also an sozial-, arbeitsmarkt- und gesellschaftspolitischen Maßnahmen zur Unterstützung von Kriegswitwen und (Halb-)Waisen. Von den Frauen wurde nach Kriegsende meist erwartet, dass sie nicht länger berufstätig waren, sondern als Ehefrauen und Mütter die Kriegsfolgen zu bewältigen halfen. Trotz der von konservativen politischen Kräften unterstützten Einführung des Frauenwahlrechts im November 1918 und des Einzugs weiblicher Abgeordneter in Reichstag und Länderparlamente schien es selbstverständlich zu sein, dass Frauen die Arbeitsplätze für die »ins Zivilleben« zurückkehrenden Männer zu räumen hatten, obwohl dies angesichts der zahlreichen Kriegsversehrten keineswegs einleuchtend war (Rouette 1993, S. 13). Pointiert fasst Hans-Ulrich Wehler zusammen, die

> »Leidensbürde der Frauen kontrastierte unversöhnlich mit der kränkenden materiellen Versorgung der 553 000 Witwen und 1,2 Millionen Waisenkinder. Eine Hungerzahlung von 33 Mark erhielt eine Witwe, wenn ihr Mann einfacher Soldat gewesen war, 42 bis 50 Mark, wenn er es bis zum Unteroffizier oder Feldwebel gebracht hatte; die große Mehrheit der getöteten Offiziere war unverheiratet. Der ›Dank des Vaterlandes‹ war, wie die Propagandaformel lautete, auch den ›Kriegerwitwen‹ gewiss, nur erreichte er sie nie. Niemand konnte allein von seinem Witwengeld existieren« (Wehler 2008b, S. 101).

Diese bittere Bilanz klingt auch in einzelnen Familiengeschichten an, in denen gegenwärtig manche ältere Kriegskinder des Zweiten Weltkriegs über Witwenhaushalte und Überlebensstrategien in Halbfamilien in der Weimarer Republik schreiben. So berichtet Marlies Schörken (geb. 1929) eher beiläufig über ihre 1907 geborene Mutter:

> »Ihr Vater starb früh im Krieg, ebenso zwei Brüder, als sie zehn Jahre alt war, und der älteste Bruder übernahm die Vaterrolle, die sich aber vor allem im Verwöhnen erschöpfte, wenn er, selten, zu Hause zu Besuch war und seiner kleinen Schwester die Wünsche erfüllen konnte, die für die Mutter als Witwe in beengten Verhältnissen nach Krieg und Inflation unerschwinglich waren« (Schörken 2007, S. 24).

Und Karin H. erinnert sich im November 2013 im Rahmen eines Gesprächs mit der Verfasserin, dass ab 1915, dem Geburtsjahr ihrer Mutter, ihre Großmutter als Kriegerwitwe für ihre vier Kinder alleine und »ohne Ernährer« habe sorgen müssen:

»Welche staatliche Unterstützung ihnen gewährt wurde, konnte ich bis jetzt noch nicht herausfinden. Es wurde erzählt, dass die Mutter hart arbeiten musste. Neben dem eigenen Haushalt u. Garten wusch sie Wäsche für andere Familien, die sich eine Waschfrau leisten konnten. Ich nehme an, dass bescheidene finanzielle Mittel von ihren Eltern (Mutters Großeltern) und Geschwistern beigesteuert wurden. Wenn die Mutter zur Arbeit war, mussten sich die ›Großen‹ um ihre kleine Schwester kümmern oder Botengänge verrichten, um die Haushaltskasse aufzubessern. Nacheinander beendeten ihre Schwestern die Schule und gingen dann im Ort arbeiten: im Konsum oder der Bäckerei als Verkäuferinnen oder in Haushalten. Später waren sie in Stellungen in Berlin tätig.«

Frau H. teilt weiter mit:

»Meine Mutter [...] wäre sehr gern zum Gymnasium gegangen, die Lehrer haben auch bei meinem Großvater dafür geworben, aber er hat abgelehnt – kein Geld für alle – und Ausnahmen gibt es nicht! Basta! So hat meine Mutter eine kaufmännische Lehre gemacht und einen guten Posten bei einer Speditionsfirma bekommen und sogar in einer Zeit behalten können, als die Arbeitslosigkeit am größten war.«

Der Mutter von Heidemarie Molkenthien soll es ähnlich gegangen sein. Die Tochter erinnert sich 2013 in einem Brief an die Verfasserin:

»Was ich noch weiß ist, dass meine Mutter bei der Suche nach einer Lehrstelle im Jahr 1930 gerne Schneiderin geworden wäre. Aber da die Ausbildung bezahlt werden musste und ihre Eltern kein Geld hatten, musste sie in einer Wäscherei eine Büglerin-Lehre machen.«

Solche Situationen hatten 1931 Kriegsbeschädigten- und Hinterbliebenenverbände im Blick, indem sie auf die unzureichende Versorgung der Witwen und Kriegswaisen angesichts der Auswirkungen der Weltwirtschaftskrise aufmerksam machten. Gertrud Bäumer wies in diesem Zusammenhang noch einmal in aller Deutlichkeit auf die gesellschaftliche Verpflichtung gegenüber der Leistung der Frauen, besonders der Mütter, im Krieg und in der Nachkriegszeit hin, und aus dem Reichsarbeitsministerium hieß es, die Politik habe das Schicksal der Kriegskinder nie aus den Augen verloren

(Nau 1930, S. 6, 9); Stellungnahmen wie diese klangen jedoch lediglich wie Lippenbekenntnisse.

Dass mehr als zehn Jahre nach Ende des Krieges die Witwen- und Waisenversorgung noch keineswegs gesichert war, zeigen konkrete auf Darmstadt bezogene Untersuchungsergebnisse, die Fragen nach dem sozialen Abstieg der Kriegerwitwen – je nach sozialem Stand zu Beginn ihrer Ehe – oder der sozialen Perspektiven der Kinder im Vergleich zum einstigen Status der Väter behandelten. Diesbezügliche Besorgnisse waren vor allem im Hinblick auf die sich negativ entwickelnde Arbeitsmarktlage und somit auch die entsprechenden geringen Zukunftsperspektiven für die Vaterverwaisten durchaus berechtigt. Die Witwen versuchten zumeist, die Fassade eines gewissen Lebensstandards aufrechtzuerhalten, indem sie beispielsweise dazuverdienten oder Zimmer vermieteten. Sobald die Kinder nicht mehr zuhause wohnten, lebten viele Witwen offenbar in ausgesprochen »bedürftigen Verhältnissen« (ebd., S. 49). Zu den interessanten Ergebnissen der Darmstädter Studie zählt ferner der durchaus naheliegende Befund, dass viele uneheliche Kriegshalbwaisen unter wirtschaftlich ausgesprochen nachteiligen Bedingungen lebten und »geistig, sittlich und gesundheitlich besonders gefährdet« seien, so die damalige Annahme (ebd., S. 57f.).

Solche Vermutungen wurden nicht im Einzelnen bewiesen; die Frage, ob sie einer eingehenderen Prüfung tatsächlich standgehalten hätten, ist sicher nicht leicht zu beantworten. Es kann jedoch am Beispiel einer anderen Annahme gezeigt werden, dass hier durchaus nicht belegbare ›Vor-Meinungen‹ eine Rolle spielten. So ist offenbar auch davon ausgegangen worden, dass die Schulleistungen von Kriegswaisen hinter denen von Kindern mit Vätern zurückblieben, was sich jedoch nicht bewahrheitete – das Gegenteil war der Fall. Die Studie zeigte auf, dass der Prozentsatz der Besucher höherer Schulen unter Kriegerwaisen in Darmstadt um rund 9 Prozent über dem allgemeinen Durchschnitt lag (ebd., S. 92). Alleinerziehenden Witwen wurde somit wenig Erziehungs- und Ausbildungsinitiative für ihre Kinder zugetraut, ein Vorurteil, das sich auch nach dem Zweiten Weltkrieg hartnäckig bis in die 1950er Jahre hinein behauptete (vgl. Stambolis 2011). Auf die angebliche weibliche ›Unfähigkeit‹, ohne einen Mann das Familieneinkommen zu sichern und die Erziehung der Kinder zu bewerkstelligen, wurde in der Endphase der Weimarer Republik wiederholt Bezug genommen. In einer wissenschaftlichen Reihe mit dem Titel »Schwererziehbare und Erziehungsschwierigkeiten«, die von dem einflussreichen Psychologen Oswald Kroh (1887–1955) herausgegeben wurde, schrieb ein Autor 1931 zum Beispiel ausführlich über die Gefahren der engen Mutterbindung vaterloser Söhne, ihre Suche nach männlicher Führung und »Flucht aus der Familie« bzw. einem daraus sich ergebenden »Wandertrieb« (Clauß 1931, S. 63, 277). Besonders wenig Führungsvermögen wurde Witwen aus der Unterschicht zugetraut, für deren Kinder die Gefahr der Verwahrlosung ein spezifisches Problem darstelle (ebd., S. 22–24).

Die geringe gesellschaftliche Wertschätzung der Kriegerwitwen (Winkle 2007, S. 347), ihre vielfach problematische soziale Lage und der von einer großen Zahl von Frauen als schmerzhaft empfundene Zusammenbruch ihres Lebensentwurfs als Ehefrau an der Seite eines Mannes spiegelt sich nachvollziehbar in zahlreichen Selbstzeugnissen wider. Auch wenn manche in politischer Absicht, etwa in Publikationen von Kriegs- und Hinterbliebenenverbänden in der Endphase der Weimarer Republik, veröffentlicht wurden, werfen sie dennoch ein Licht auf die Selbstsicht dieser Frauen. Sie hatten hoffnungsvolle Pläne für ihre private Zukunft gehabt und diese an der Seite eines Mannes verwirklichen wollen. Viele hatten sich kaum vorstellen können, dass das Leben einer Frau anders als im Rahmen einer Ehe ›glücklich‹ verlaufen konnte. Als diese Hoffnungen und Erwartungen zerbrachen und sich auflösten, zogen sie schwarze Kleider an; ihre unbeschwerten Mädchenjahre verblassten schnell und wurden unbedeutend. Lediglich die Erinnerung an ein zumeist kurzes Eheglück gab den Witwen die Kraft, sich auf ihr Überleben und das ihrer Kinder zu konzentrieren. Fortan lebten die meisten ausschließlich für ihre Kinder.

Im Folgenden sollen einige Selbstäußerungen aus der Witwenperspektive zitiert werden. Sie stammen aus einer Publikation, in der Frauen 1931 auf ihr ›Schicksal‹ aufmerksam machten. Eine Kriegerwitwe schrieb darin über ihren 1915 geborenen Sohn, der seinen Vater nicht kennenlernen konnte, weil dieser Ende August 1914 gefallen war:

> »Jetzt ist er seit Jahren Pfadfinder, und viel von dem, was ihm, der so geschwisterlos aufwachsen musste, bisher fehlte, gibt ihm diese Gemeinschaft

fröhlicher Jungen. Trotzdem ich nun oft auf seine Gemeinschaft verzichten muss, auch an Sonntagen […], auch in den Sommerferien, die er jetzt meist mit seinen Kameraden verbringt, bereue ich keinen Augenblick, ihm diese Jugendfreude verschafft zu haben. Das, was er an Anregung und Frische von diesem Zusammenleben nach Hause bringt, ist so bereichernd für ihn, dass jede Klage schweigen muss« (Magnus 1931, S. 37).

Eine 1889 geborene Kindergärtnerin mit einem 1913 zur Welt gekommenen Sohn, deren Mann, ein Elektrotechniker, 1917 vermisst gemeldet worden war, stellte folgende Überlegungen an:

> »In einigen Jahren sind alle Kriegerwaisen so weit, dass sie auf eigenen Füßen stehen, hoffentlich sind dann wirtschaftlich bessere Zeiten. Wir Mütter bleiben dann einsam zurück. Wir sind alt geworden, ohne richtig gelebt zu haben. […] Nur die Erinnerung an die kurzen Tage des Glücks, die wir mit unsern so früh verstorbenen Lebenskameraden verbringen durften, und die selbstlose Liebe für unsere Kinder erhellt unseren Lebensweg« (ebd., S. 67).

Die Witwe eines Facharbeiters, der 1915 gefallen war, hatte drei Söhne und eine Tochter und äußerte sich folgendermaßen:

> »Ich sandte meine 3 Jungen in die Lehre. Was das bedeutet, wissen mit mir alle Kriegerwitwen. Ich erinnere mich, dass ich einmal für die Rente von 14 Tagen/nur 4 Pfd. Brot erhielt. So war ich gezwungen, die Kleinsten in die Nachbarschaft zu schicken, damit die Lehrbuben etwas Brot mitnehmen konnten. Mit Schrecken denke ich daran, wie die Kinder um das größte Stück Brot stritten. […] Als die Lehrzeit beendet war, gelang es mir leider nicht, meine Jungen reibungslos in Erwerbsarbeit unterzubringen, da die Arbeitslosigkeit schon weit um sich gegriffen hatte. Das gefährdete besonders meinen ältesten Sohn. Er hat eine etwas leichtsinnige Natur und geriet nun durch die Arbeitslosigkeit auf abschüssige Wege. Sicher fehlte ihm auch die erziehende Hand seines braven Vaters. Ich selbst war durch meine aufreibende Fabrikarbeit oft zu ermüdet, um ihn richtig zu weisen und ihm zu raten. So kam es, dass dieses, mein ältestes Kind […] in das Elend gerissen wurde. Durch den strengen Winter 1928/29 wurde er zum Trinker. Er verließ seine Arbeitsstelle, eine Unterstützung konnte er nicht erhalten. […] Wie anders wäre alles dieses gewesen, wenn ich mit meinem arbeitstüchtigen Mann vereint meine Kinder hätte erziehen können« (ebd., S. 78f.).

Eine Frau mit drei Kindern im Alter von ein, zwei und drei Jahren, seit dem 17. März 1917 verwitwet, berichtete Folgendes:

> »Ich war damals 10 Wochen schwanger, als mein Mann von uns ging. Der größte Junge kam Ostern darauf in die Schule. 6 Monate lang musste ich Armenunterstützung in Anspruch nehmen. [...] Ich erhielt damals 16,-M. wöchentliche Unterstützung und die Miete. [...] Am 24.9. kam der letzte Bub zur Welt, also ein Kind, das seinen Vater nie gekannt hat. Am 26.9., also am 2. Tag des Wochenbettes, bekam ich die Zusicherung der Rente. Ein Glück im Unglück. [...] Wäre uns keine Rente zugesprochen worden, [...] so wäre ich dauernd verurteilt gewesen, in die Fabrik auf Arbeit zu gehen und die Kinder wären in einer Anstalt erzogen worden. So konnte ich aber meine Kinder selbst erziehen und nebenbei Heimarbeit verrichten« (ebd., S. 85).

Diese Einzelbeispiele besitzen trotz der Einschränkung, dass sie ausdrücklich dazu dienten, auf die leidvollen Erfahrungen von Witwen aufmerksam zu machen, einen Aussagewert. Sie zeigen vor allem, dass die Kinder den Lebensmittelpunkt dieser Frauen darstellten. Der Erfolg von Ina Seidels Roman *Das Wunschkind* aus dem Jahr 1930, der bis in die Zeit nach dem Zweiten Weltkrieg zahlreiche Auflagen erlebte, ist sicher auch darauf zurückzuführen, dass Seidel (1885–1974) die selbstlose Hingabe einer Kriegswitwe für ihren Sohn und für karitative Aufgaben in den Mittelpunkt ihres Romans stellte, der historisch auf die Zeit der Französischen Revolution und der Befreiungskriege gegen Napoleon Bezug nimmt.

Christoph, das »Wunschkind«, lernt seinen im Kampf gefallenen Vater nicht kennen. Für seine Mutter ist er ein Vermächtnis, das sie an eine kurze glückliche Ehe erinnert und aus dem sie ihre Überlebenskraft bezieht. Als Christoph gleichsam in der Nachfolge seines Vaters den Soldatentod stirbt, gründet sie eine Heimstadt für kriegsverwaiste Kinder (Seidel 1930). Die hier angedeutete Wiederholung des vaterländischen Opfertodes in zwei Generationen ist ein literarisches Motiv, das beispielsweise auch der Schriftsteller Otto Brües (1897–1967) in seinem viel gelesenen Jugendbuch *Fahrt zu den Vätern* 1934 aufgriff (siehe Kapitel 5.2).

4.5 Kriegskinder kommen zu Wort

Ab Mitte der 1920er Jahre lagen breit angelegte gründliche Studien, in denen die Belastungen und nachhaltigen Beeinträchtigungen von Kriegskindern aus der Sicht unterschiedlicher Fachdisziplinen dargestellt wurden, vor. 1926 erschien eine solche zusammenfassende wissenschaftliche Arbeit (Henriques 1926a), an der die Sozialpolitikerinnen Marie Baum und Marie Jucharcz (1879–1956) sowie der Kinderarzt Adalbert Czerny mitgewirkt hatten (Henriques 1926b; vgl. Henriques 1922). Sie wiesen nachdrücklich auf langfristige Folgewirkungen des Krieges hin, die sich sogar in Form einer allgemeinen physischen und psychischen Schwächung ganzer Jahrgangsgruppen äußern konnte. Viele Schüler seien nach der Schulentlassung nicht in der Lage, eine Berufsausbildung zu beginnen. Bereits in der Schule seien sie zu schwach, um sich zu konzentrieren. Diese alarmierenden Befunde gälten insbesondere für die Großstädte, wo jeder Lehrer solche »im Wachstum zurückgebliebenen, schmächtigen und bleichen Hungerkinder mit den mageren Armen […] und den müden Augen« kenne, denen es so schwer falle, »in die Geheimnisse des Lesens und Schreibens einzudringen« (Henriques 1926a, S. 37). Nicht zu unterschätzen seien außerdem Auswirkungen der auch nach Kriegsende über lange Zeit geschwächten Nerven der Mütter; diese würden, so die Beobachter, nicht selten »ungeduldig und mürrisch«, zeigten ein »strenges und heftiges Wesen« und stießen auf diese Weise »ihre ohnedies verängstigten Kinder noch weiter von sich ab, eine Tragödie, die sich im verborgenen Schoße der deutschen Arbeiter- und Bürgerfamilien seit Beginn des Weltkrieges tausend- und abertausendfach abgespielt« habe (ebd., S. 40). Auf Eltern, Schulen und soziale Einrichtungen wie die Arbeiterwohlfahrt kämen ernste Aufgaben zu (Henriques 1926b, S. 179f.).

Der Lehrer und Schriftsteller Heinrich Kautz (1892–1978) griff die mangelnde Berücksichtigung kindlicher Trauer folgendermaßen auf: Dem »Kriegerkind« habe bislang keiner gedankt, so Kautz 1926, dass es um seinen Vater gebangt und fürs Vaterland gelitten habe. Was hatten, so fragte er, diese »Heldenkinder« in den Kriegsjahren empfunden und gedacht? Er stellte das Thema in einen größeren Zusammenhang. Sicher hätten sie zunächst patriotisch Partei ergriffen, seien dann aber immer unsicherer geworden:

Abbildung 38: Klassenfoto, Elli W. vordere Reihe rechts (mit Schleife im Haar)

Abbildung 39: Konfirmationsbild aus dem Jahr 1929, Elli W. vordere Reihe, vierte von links

> »Der eine Lehrer war glühender Patriot, der andere beißender Skeptiker, dessen ironische Äußerungen über den Krieg vom Pult aus oder während der Pausenunterhaltungen von den Kindern schärfer aufgefasst und bedacht wurden, als einer ahnen konnte. Andere Lehrer spielten die Nörgler [...] Für das Kind gab es doch nur ein Ereignis: Vater ist im Kriege, darum müssen wir darben, hungern und frieren, Mutter steht Todesangst um ihn aus, wenn mal die Post ausbleibt« (Kautz 1926, S. 15).

Zudem hätten die Kinder die »behördliche Schneckenhaftigkeit und Umstandskrämerei« erlebt und ein wachsendes Gespür für soziale Ungleichheit und Ungerechtigkeit entwickelt. Aus dem »Kriegskind« bzw. dem »Kriegswaisenkind« sei dann das »Revolutionskind« geworden, ein misstrauischer »Typus«, der fortwährend mit verworrenen Verhältnissen und unsicheren Erwachsenen zu tun habe und dem der »starke Halt« fehle (ebd., S. 15–18). Lehrer und Seelsorger hätten diesen Kindern gegenüber eine besondere Aufgabe, sowohl was ihre Trauer als auch ihre vielfältigen Enttäuschungen und Verunsicherungen betraf.

In der von dem kanadisch-amerikanischen Historiker James Thomas Shotwell (1874–1965) betreuten und von der »Carnegie-Stiftung für Weltfrieden« initiierten und verantworteten *Wirtschafts- und Sozialgeschichte des Weltkriegs* wurde eine breite Bilanz gezogen: Allein die deutsche Serie umfasste elf Bände. Mitwirkende an den Mammutprojekt waren neben Wilhelm Flitner unter anderem Leo Langstein, Max Rubner und Paul Stephani (1870–1947), die auf diese Weise eine Würdigung ihrer wissenschaftlichen und praktischen Arbeit »im Kampfe gegen die Lebenszerstörung im Krieg« jenseits der eingangs umrissenen nationalpolitisch propagandistischen Tendenzen erfahren sollten, wie der Herausgeber betonte (Shotwell 1928, S. XIII). Wilhelm Flitner bestätigte in seinem Beitrag zu dieser Publikationsserie 1927 noch einmal die bereits 1918 geäußerte Kritik, die Zensur während des Krieges habe verhindert, dass rechtzeitig Maßnahmen ergriffen worden waren, um die Not der Kinder zu lindern. Die Gesundheitsschwächung der Kinder sei geleugnet worden, »um die Entmutigung des Volkes zu verhüten und dem feindlichen Ausland die Erscheinungen zu verbergen« (Flitner 1927, S. 266). Bestätigt wurde in diesen Veröffentlichungen vor allem, wie stark Kinder durch den Ersten Weltkrieg in Mitleidenschaft gezogen und nachhaltig geschädigt wurden.

Es dürfte kein Zufall gewesen sein, dass 1931 auf Anregung des Pädagogen und Psychologen Adolf Busemann (1887–1967) die in den Jahren des Ersten Weltkriegs geführten Tagebuchaufzeichnungen einer Mutter über Alltagsleben, Kriegswahrnehmungen und Gefühlswelt ihres 1904 geborenen Sohnes »Bubi« (siehe Kapitel 3.4) veröffentlicht wurden. Die Kriegsjugend und die Kriegskinder des Ersten Weltkriegs waren mittlerweile erwachsen geworden. Zwischen »Krieg und Krise« (Peukert 1987b) aufgewachsen, meldeten sie sich nun allmählich selbst zu Wort und machten deutlich, dass ihr bisheriges Leben, angefangen von den Kriegsjahren, von Unsicherheit, Orientierungslosigkeit und Zukunftsängsten geprägt war. Dies mag ein Grund dafür gewesen sein, warum sich Psychologen und Pädagogen für die Bedingungen ihres Aufwachsens (vor allem in den Jahren 1914 bis 1918) interessierten. Die Jugendzeit von Ernst-Wolfgang Scupin, genannt »Bubi«, sei insofern charakteristisch für seine Altersgruppe, so Busemann, als er kriegsbedingt unterernährt und durch die »kriegsbedingte lange Abwesenheit des Vaters« erheblichen seelischen Belastungen ausgesetzt gewesen sei (Scupin 1931, S. 7). Gertrud Scupin hob im Vorwort zu den bis dahin unveröffentlichten Aufzeichnungen über die Entwicklung ihres Sohnes in den Kriegsjahren ebenfalls die Vaterlosigkeit als Hauptproblem für die Entwicklung des Sohnes hervor; väterlicher Einfluss sei schließlich »ein Hauptfaktor der Jugenderziehung« (ebd., S. 9). Überdies widmete sie das Buch »Bubis« Vater, der nach Kriegsende den Folgen einer Kriegsverletzung erlegen war.

Der auf diese Weise zu gewinnende Einblick in die Erfahrungs- und Gefühlswelt eines in reformpädagogisch orientierten bürgerlichen Verhältnissen aufgewachsenen Jungen während des Ersten Weltkriegs war für das Verständnis der ›jungen Generation‹ um 1930 zweifellos aufschlussreich, stellte jedoch lediglich einen sozialen Milieuausschnitt dar. Jüngere Geburtsjahrgänge und andere lebensweltliche Hintergründe beleuchtet dagegen die Befragung von mehr als 2000 15- bis 17-jährigen Berufsschülern und Berufsschülerinnen aus dem Jahre 1930. Die Untersuchungsgruppe, die der Wohlfahrtspfleger und Theologe Günter Krolzig (1903–1979) im Blick hatte, bestand also aus Jugendlichen, die sich an der Schwelle zum Erwachsensein befanden, das heißt während ihrer zumeist handwerklichen Berufsausbildung beispielsweise zu Schreinern, Buchbindern, Schriftsetzern, Friseusen,

Schneiderinnen oder Kinderpflegerinnen und berichtete über ihre Familienverhältnisse. Krolzig hatte seine sozialpädagogische Ausbildung in Berlin am Seminar für Jugendwohlfahrt bei Carl Mennicke (1887–1958) absolviert und daher einen besonders sensiblen Blick für soziale und psychische Bewusstseinslagen Heranwachsender entwickelt (Maier 1998, S. 332f.). Sein Augenmerk galt den Belastungen Heranwachsender der Kriegskindergeneration – besonders aus Arbeiterfamilien –, ferner den emotionalen Bindungen von Müttern und Kindern und außerdem den vielfach fehlenden Vaterbindungen in kriegsbedingt unvollständigen Familien. Aus den Aufsätzen, die der Untersuchung zugrunde lagen, geht hervor, dass vaterlose Söhne und Töchter die Verantwortung für die Mütter und deren nervliche Belastung ebenso als zentrales Lebensthema ansahen wie die frühe Verlusterfahrung und die Sehnsucht nach einem starken väterlichen Unterstützer, besonders bei ihren zumeist schwierigen beruflichen Entscheidungen (Krolzig 1930, S. 26, 42, 89f.). Nachdem die Väter aus dem Krieg heimgekehrt waren, litten sie oft unter schwerwiegenden gesundheitlichen Problemen, die ein zentrales Thema in den Aufsätzen der Schülerinnen und Schüler darstellten. Die Niederschriften lassen außerdem Rückschlüsse auf die Entfremdung zwischen Vätern und Kindern sowie den Autoritätsverlust ersterer erkennen.

Ein Schüler erinnerte sich, er sei vier Jahre alt gewesen, als sein Vater nach dessen Rückkehr aus dem Kriege zunächst »einen sehr ungünstigen Eindruck« auf ihn gemacht habe (ebd., S. 74). Ein anderer Jugendlicher schrieb:

> »Als ich ein Jahr alt war, wurde mein Vater eingezogen. Im Jahre 1918 kehrte er wieder zurück. In der Zwischenzeit führte meine Mutter das Geschäft [eine Gastwirtschaft, B.S.] allein und brachte es in die Höhe. Sie hatte die Absicht, sich später ein größeres Geschäft zu kaufen, um im Alter sorgenlos leben zu können. Jedoch mein Vater war anderer Ansicht, er hatte schlechte Eigenschaften aus dem Kriege mitgebracht. Er war sehr brutal und ein Säufer. […] Das Geschäft musste verkauft werden, wir zogen jetzt in ein kinderreiches Wohnviertel, Hinterhaus eine Treppe. Mein Vater war arbeitslos und hatte auch keine Lust zum Arbeiten. Da kam die Inflation. Meine ältere Schwester wurde eingesegnet. Meine Mutter verkaufte eine Nähmaschine, sie bekam andern Tage ein Paar Einsegnungsschuhe für das Geld. Die glückliche Zeit begann: Morgens Kohlrübenmarmelade, mittags Kohlrüben, Vesper Kohlrübenmarmelade, Abends 2 Stullen mit dem üblichen Wasserrand und Margarine […]« (ebd., S. 47).

In einer anderen Schilderung heißt es:

> »Mein Vater, der vom Krieg her Rheumatismus hat, ist oft gezwungen in der Wohnung zu bleiben, weil er wahnsinnige Schmerzen im Fuß hat. [...] Dies ist auch der Grund, weshalb ich manche Woche auf mein Taschengeld verzichte. Früher hat meine Mutter auch mitgearbeitet, sowie meine zwei älteren Brüder. Eine Zeitlang war ich infolge des Alleinseins ohne Aufsicht, ziemlich rüdig, aber das Geld hat auch nicht richtig gereicht« (ebd., S. 2).

Weitere befragte Berufsschülerinnen und -schüler gaben Auskunft über Väter, die im Krieg »ein Bein verloren« hatten, »pneumatisch« oder »tuberkulös«, »schwerkriegsgeschädigt« sowie »Alkoholiker« waren. Eine angehende Schneiderin berichtete, ihr Vater, der die gesamte Kriegszeit hindurch Soldat gewesen sei, habe nach seiner Rückkehr nicht nur getrunken, sondern auch die Mutter und sie selbst »misshandelt« (ebd., S. 69). Auffallend viele der von Krolzig Befragten hielten ihre Kriegsväter für »nervös« und auch manche Mütter, vor allem alleinerziehende Kriegerwitwen, für »vollständig mit den Nerven fertig« oder »herunter« (ebd., S. 62, 65, 67–69, 76, 79, 84, 106). Zu den aussagekräftigen und ausführlichen, in Fortsetzungen abgedruckten lebensgeschichtlichen Berichten gehören auch die *Erinnerungen* eines 1903 geborenen »Arbeiterkindes« aus dem Jahr 1931, in denen vom Kriegsausbruch, dem Vater in Uniform, Kälte, Hunger, Erholungsaufenthalten auf dem Lande, Hamsterfahrten, kleineren Diebstählen und vielem mehr, somit von generationellen Grunderfahrungen die Rede ist (Grönner 1931).

Unter dem Gesichtspunkt der Kriegskindheit literarisch interessant ist neben Ernst Glaesers (1902–1963) *Jahrgang 1902* und *Frieden* (Glaeser 1928, 1930) beispielsweise der 1930 im Malik-Verlag erschienene autobiografisch gefärbte Roman von Walter Bauer (1904–1976) *Die Stimme aus dem Leunawerk*, der die Situation von Arbeiterkindern in den Kriegsjahren thematisiert, die auf sich selbst gestellt waren; ausführlich werden Hamsterfahrten und das »Herumstromern« ohne Aufsicht beschrieben. Bauer fasst für das Jahr 1916 – in Ich- bzw. Wir-Form geschrieben – für seine in etwa gleichaltrigen damaligen Freunde Folgendes zusammen:

> »Wir bettelten Zeitungen und Metalle, wir sammelten Kerne [...] wir umkreisten die Zäune wie kleine boshafte, kläffende Hunde. Unsere Eltern

haben die Leine der Hündchen fallen lassen, die zarte, unsichtbare, wir laufen frei herum, wir schnobern in den Ecken, gefunden wird immer etwas. Wir kehren heim, warten auf der Treppe, bis die Mutter kommt. Meist ist es spät und dunkel, aber dunkel muss es wohl sein, weil sie Dinge mitbringt, die niemand sehen soll, Essen. Allein der Traum, wenn wir einschlafen, ist frei vom Krieg, während noch der letzte wache Blick auf ein sinkendes Kriegsschiff fällt in der Illustrierten« (Emmerich 1975, S. 85; W. Bauer 1930).

Als weiteres Beispiel für die literarische Bearbeitung von Kriegskindererfahrungen in der Endphase der Weimarer Republik sei Georg Glasers (1910–1995) *Schluckebier* genannt. Dieser autobiografisch geprägte Roman schildert das Leben eines Kriegskindes des Ersten Weltkriegs aus der Unterschicht. Darin heißt es, das Wort »Ersatz« sei im Jahre 1917 zentral gewesen:

»Er kannte nichts, was nicht Ersatz war. Nur die Rüben. Die Frauen hatten dicke Turnschuhe an. Die Kinder Reichsstrümpfe, die kratzten. Der Wind ging durch die Kleider und presste sie fest an die Körper. Die Kinder [...] hatten oft Ferien: Ernteferien, um den Bauern zu helfen; Herbstferien, um Trauben zu lesen; Hitzeferien im Sommer; Kohlenferien, wenn der Schule im Winter die Kohlen ausgingen; oft wurden die Schulen als Kasernen gebraucht. Oder wenn Grippe oder Ruhr umging. Dann lagen die Kinder frierend zu Hause, die Mütter gingen Granaten drehen [...]« (Emmerich 1975, S. 87; Glaser 1932).

Hermann Kesten (1900–1996) entwarf eine düstere Zukunftsprognose für die Kriegsjugend. In *Josef sucht die Freiheit* lässt er den Protagonisten Josef und seinen Freund beschließen, nach Afrika auszuwandern, nachdem sie von ihren Vätern enttäuscht worden waren. Letztere hätten sich als unfähig erwiesen, ihre Familien zu versorgen und die Zuneigung ihrer Kinder zu gewinnen, weil sie selbst die Orientierung verloren hatten (Kesten 1927). Es bliebe den Kindern also nur, den Vätern den Rücken zu kehren.

Welche Schlussfolgerungen wurden um 1930 aus den angesprochenen ›Prägungen‹ der Kriegskindergeneration für ihre Lebenseinstellungen bzw. ›Haltungen‹ abgeleitet. Die *Süddeutschen Monatshefte* widmeten den Lebens- und Weltsichten der weiblichen Jugend ein eigenes Heft mit dem Titel *Die jungen Mädchen von heute* (Süddeutsche Monatshefte 29,

4, 1930). Weibliche Jugendliche wurden übereinstimmend als realistisch, sachlich, sportlich, kühl, nüchtern, zurückhaltend skeptisch und tüchtig eingeschätzt. Es wurde ihnen allerdings auch »eine tiefe Lebensangst angesichts der Kompliziertheit der Lebensumstände« attestiert (Latka 1932, S. 283f.). Anders als die romantischen Mädchen früherer Zeiten seien viele Mädchen in gewisser Weise »gefühlsarm«, was angesichts ihrer Kindheitserfahrungen nachvollziehbar war. Ihre »ersten bleibenden Eindrücke in der Kriegs- und Revolutionszeit« waren

> »zugleich die schwersten [...], die ein Mensch überhaupt erleben kann, denn die Kinder erlebten im Weltkrieg und in der Nachkriegszeit all das, was an Schwerem ein ganzes Menschenleben auszufüllen vermag: Hunger, Armut und Tod. Wenn die traurigsten Erlebnisse so schnell auf eine junge Seele fallen, muss die Wucht der Ereignisse selbst abnehmen, denn die menschliche Seele kann sich nicht immer von neuem mit derselben Intensität einem Erlebnis hingeben. So musste die Seele des jungen Menschen der Kriegsjahre gleichgültiger, kälter, abgestumpfter werden. Diese Gefühlsarmut ist eine traurige, aber geschichtlich erklärbare Zeiterscheinung« (Weithase 1932, S. 287).

Unter den Schriftstellern, die sich um 1930 einer generationellen Selbstbeschreibung widmeten und zu ähnlichen Charakterisierungen kamen, ist Frank Matzke (1903–1952) zu nennen, der mit seinem »emphatischen Generationsporträt« (Reinhardt-Becker 2005, S. 205) unter der Überschrift *Jugend bekennt: So sind wir* von sich reden machte. Es erfuhr noch im Erscheinungsjahr sechs Auflagen und wurde wohl deshalb so häufig kommentiert, weil hier ein 1903 Geborener das »Lebensgefühl« seiner Generation, der »Jugend zwischen 20 und 30, des Geschlechts nach dem großen Krieg, das von ihm nur den Hunger der Heimat kannte und die geborgenen Siegesfeiern«, auf den Punkt zu bringen versuchte (Matzke 1930, S. 6). Gefühlskälte, Skepsis und Misstrauen seien Kerneigenschaften der hauptsächlich männlichen Kriegskinder des Ersten Weltkriegs (vgl. Siemens 2009, S. 192). Sie seien hart, unerbittlich, gnadenlos und in der Lage, Väter und Großväter das Fürchten zu lehren: »Wir sind bereit, große Bünde und Verbände zu bilden, die mit Schlagkraft nach einem Ziele streben. Wir sind bereit, uns Führern unterzuordnen«, so Matzke wörtlich. Die nationalistische wie die kommunistische Jugend beweise bereits, wie durchsetzungskräftig die Kriegsjugend im außerparlamentarischen politischen Raum sei (Matzke 1930, S. 83f.). Es überrascht nicht, dass diese Provokation heftige Gegenreaktionen hervorrief. »Genau so ist uns zumute, und genauso benehmen wir uns!«, kommentierte etwa der später als Kunstpsychologe und Kunstpädagoge bekannt gewordene Rudolf Arnheim (1904–2007) in der linksdemokratischen *Weltbühne* Matzkes Buch. In einem zweiteiligen Artikel über »Die Gefühle der Jugend« griff er die von Matzke und anderen skizzierte Grundbefindlichkeit und Haltung 20- bis 30-Jähriger auf und kritisierte einen solchen »Jahrgangsrummel« mit der Bemerkung, es handele sich doch wohl in erster Linie um Klischees (Arnheim 1931a, b).

In der Endphase der Weimarer Republik erhielten solche Selbstbeschreibungen der Kriegskinder des Ersten Weltkriegs auch eine politische Bedeutung, gerade vor dem Hintergrund der von Wirtschaftskrise, Radikalisierung des außerparlamentarischen Raumes und Republikfeindlichkeit bestimmten Zeitatmosphäre, die sich in wachsenden Erfolgen radikaler Parteien und Gruppierungen und einem schwindenden Rückhalt der staatstragenden Parteien in der Jugend äußerte. Der Verfasser der im Folgenden zitierten Anklage der »arbeitslosen Jugend« war sich vermutlich der Wirkung seiner 1931 im sozialdemokratischen *Jungbanner* erschienenen Sätze bewusst; er sehe »junge Menschen mit den Gesichtern wie Greise« vor sich,

> »mit Gesichtern, aus denen jede Spur von Lebensmut, jugendlicher Lebensfreude verbannt ist [...] 1908, 1910 kamen sie zur Welt. Wurden groß ohne die feste Erzieher-, Führerhand des Vaters – der im Felde kämpfte und litt –; ohne die Zärtlichkeit der Mutter, die auf der Jagd nach Kartoffeln, Kunsthonig und Kriegsbrot dem Hause ferngehalten war. Erlebten den Wirrwarr der Revolution – ohne ihn zu begreifen; sahen den Vater heimkehren aus Dreck und Blut – froh, wieder ein menschenwürdiges Dasein beginnen zu können. Es kam der große Taumel: Inflation. [...] Neues Elend die Folge: Geldmangel überall; verminderte Kaufkraft; als Folge davon steigende Arbeitslosigkeit; Zusammenbruch Tausender von Existenzen, [...] darunter Hunderttausende von Jugendlichen. [...] Wie rannten doch Vater und Mutter – schon als der Junge elf, zwölf Jahre alt war – eine Lehrstelle suchend. Und dann war's doch nichts. [...] Die arbeitslose Jugend klagt an: [...] Gebt ihr ihre Jugend wieder!« (G. Bauer 1931, o.S.)

5. Zwischen Weimarer Republik und Nationalsozialismus

5.1 Sozialer und politischer Sprengstoff: Eine junge Generation ohne Zukunft?

Die geburtenstarken Jahrgänge 1900 bis 1910 – im Jahre 1925 zwischen 15 und 25 Jahre alt – beendeten in der Regel um die Mitte der 1920er Jahre die Schulzeit, und zwar unter den »schlechtestmöglichen Ausgangsbedingungen« (Peukert 1987, S. 92). Die Pflichtschulzeit der während des Ersten Weltkriegs geborenen Kinder fiel in etwa in die Jahre 1920/1921 bis 1933/1934, sie waren also von den krisenhaften Entwicklungen zwischen Inflation und Weltwirtschaftskrise weniger betroffen als die zuerst genannten Jahrgänge. Gleichwohl litten ganze Familien unter unsicheren Perspektiven und Zukunftsängsten, an deren Existenzsorgen auch ihre jüngeren Mitglieder Anteil hatten. Die soziale und politische Gesamtdramatik brachte Detlev Peukert folgendermaßen auf den Punkt:

> »Noch nie hatte es in Deutschland einen so hohen Anteil von Jugendlichen gegeben. Und noch nie war der sog. tragende, der arbeitsfähige Bevölkerungsanteil der 14–65Jährigen so groß gewesen. Ein entsprechendes Gedränge herrschte daher in den zwanziger Jahren auf dem Arbeitsmarkt. Diese Überfüllung des Arbeitsmarktes und vor allem die besonders schlechten Perspektiven der geradezu überflüssigen Generation der Geburtsjahrgänge um 1900 gaben dem nationalistischen Schlagwort vom ›Volk ohne Raum‹ auf den ersten Blick eine gewisse Plausibilität« (ebd.).

Hans-Ulrich Wehler spitzte seine zusammenfassende Beurteilung noch deutlicher zu: Die Weimarer Republik sei »den Geburtsjahrgängen des neuen Jahrhunderts als abweisendes, unzugängliches, ja feindliches System« gegenübergetreten. »Erst vom Jahrgang 1910 ab aufwärts, dessen Schulentlassung 1924/25 einsetzte, wirkte sich die sinkende Geburtenrate kurzzeitig entspannend aus, ehe dieser Aufschwung durch die Weltwirtschaftskrise erneut abgefangen wurde« (Wehler 2008b, S. 236).

»Die überflüssige Jugendgeneration« (Anonym 1931) oder die »ausgesperrte Generation« (Hermann 1932) sind zentrale Schlagworte, mit denen ihre soziale Lage aus zeitgenössischer Sicht umschrieben wurde (Peukert 1987, S. 94–99). Ihre Situation beim Übergang zwischen Jugend und Erwachsenwerden war durch jahrelange Abwesenheit der Väter, starke Verunsicherungen infolge der Instabilität des politischen Systems, die ihren Ausdruck im 20-maligen Regierungswechsel in 14 Jahren fand und durch wirtschaftliche Krisenerscheinungen, insbesondere eine angespannte Lage auf dem Arbeitsmarkt (auch in den wirtschaftlich relativ stabilen Jahren der Republik nach 1924) gekennzeichnet (Roseman 1995, S. 15; vgl. Reulecke 2000). Hochschulabsolventen und jugendliche, vor allem ungelernte Industriearbeiter waren auf dem Arbeitsmarkt besonders benachteiligt. Sie fanden oftmals bereits nach der Schule keinen Arbeitsplatz und waren somit nicht nur als arbeits-, sondern auch als berufslos zu bezeichnen (vgl. Stachura 1986, 1989; Harvey 1997). 1933 war jeder vierte Erwerbslose ein Jugendlicher unter 25 Jahren. Eindeutig benachteiligt waren Jugendliche auch in der Erwerbslosenfürsorge. Ab 1927 hatten Auszubildende nach Beendigung ihrer Lehrzeit keinerlei Anspruch auf Zahlungen; 1930 verloren Jugendliche unter 17 Jahren, 1931 alle unter 21 Jahren das Anrecht auf Arbeitslosenunterstützung. Ab Oktober 1931 hatten diese Altersgruppen auch keinen Anspruch auf Leistungen aus der Krisenfürsorge mehr. Soziale Milieubindungen an die Arbeiterbewegung könne die Jugend nicht mehr aufbauen, diagnostizierte der Soziologe Theodor Geiger (1891–1952); sie stünde »vollständig außerhalb der Überlieferung der Arbeiterbewegung«. Ihre generationellen Erfahrungen unterschieden sie vor allem deshalb von der »älteren Arbeiterschaft«, weil sie »in keine irgendwie geartete, sei es auch sich epochebedingt wandelnde Lohnarbeitermentalität hineinwachsen« könne (Geiger 1967, S. 97). Ein solches »Generationenproblem«

wurde in der Sozialdemokratie, vor allem in jungsozialistischen Kreisen, aus nachvollziehbaren Gründen intensiv diskutiert, denn der SPD und auch anderen staatstragenden Weimarer Parteien drohte der Rückhalt in der jungen Generation – als Mitglieder und als Wähler – verloren zu gehen: eine Tatsache, die angesichts des Erstarkens der NSDAP und KPD bei den Wahlen ab 1930 besonders alarmierend war.

Dass es sich hier um ein Generationenproblem handelte, haben gesellschaftlich und politisch Verantwortliche damals durchaus erkannt. In einem Rundschreiben des Reichsministeriums des Innern wurden 1932 die verschiedenen Aspekte der »Jugendnot« mit Blick auf generationelle Belastungen und Prägungen folgendermaßen zusammengefasst:

> »Die große Zahl der jetzt erwerbslosen Jugend hat die Kriegszeit und die ungeordneten Verhältnisse in den nachfolgenden Jahren im eindrucksfähigsten Kindesalter erlebt. Die Väter der jüngeren Kinder haben als Kriegsteilnehmer, die Mütter durch wirtschaftliche und seelische Not während der Kriegs- und Nachkriegsjahre schwer gelitten. […]. In Millionen von Familien, besonders der Arbeitslosen, ist die Ernährung […] ungenügend, Kleidung und Wäsche verbraucht, die Gesundheit durch Wohnungsenge gefährdet […] die Erziehungskraft der Familie zerstört durch zermürbende Sorge, Hoffnungslosigkeit und Verzweiflung. Einer ständig wachsenden Zahl von Jugendlichen fehlt der Lebenssinn der Arbeit« (Reichsministerium des Innern 1932, S. 4).

Die Lebenssituation der Nachkriegsjugend um 1930 – und zwar aller gesellschaftlicher Schichten – war zweifellos von Unsicherheit und Zukunftsangst gekennzeichnet. Berufsberatungsstellen berichteten etwa davon, dass vermehrt Schüler höherer Schulen um Auskunft baten, weil traditionelle Karrieremuster und -wege sich als nicht tragfähig erwiesen. Als Indiz für die starke Verunsicherung können auch die steigenden Immatrikulationszahlen Ende der 1920er und Anfang der 1930er Jahre gewertet werden; sie waren keineswegs in erster Linie darauf zurückzuführen, dass auch Mädchen sich für ein akademisches Studium interessierten, sondern vor allem ein Zeichen für den Rückzug junger Menschen aus den Mittelschichten in eine verlängerte Ausbildungszeit. Es bilde sich ein »akademisches Proletariat« heraus, warnten kritische Beobachter auch im Hinblick darauf, dass Ostern 1932, unter wirtschaftlich höchst krisenhaften Bedingungen, einer der geburtenstärksten Jahrgänge die höheren Schulen verließ (vgl. Stambolis 2003).

Theodor Geiger kam 1932 zu dem Ergebnis, »für die jüngste Generation« liege

> »Bürgerlichkeit außer allen Erörterungsmöglichkeiten [...] Das gilt vom jungen Akademiker, der keinem Akademikerstande mehr angehört, es gilt von dem jüngsten der Angestelltengeneration, es gilt von den Söhnen der gewerblich Selbständigen, die mit der Lebenswelt und Lebensmeinung ihrer Väter nichts mehr anzufangen wissen« (Geiger 1932, S. 131).

Befürchtungen wurden laut, das im Entstehen begriffene geistige Proletariat stelle einen »Nährboden für Radikalisierung und Gewalttätigkeit« dar, »wenn es nicht an unerhörten seelischen Tragödien zugrunde gehe« (zit. bei Stambolis 2003, S. 118; Führ 1972, S. 27).

Angesichts solcher Krisenwahrnehmungen beschäftigten sich Wissenschaftler, Publizisten und Politiker in der Endphase der Weimarer Republik noch einmal unter einer anderen Perspektive mit der Kriegskinder- und Kriegsjugendgeneration, als sie dies in den ersten Jahren nach Kriegsende getan hatten. Nachdem zunächst bevölkerungspolitische sowie Ernährungsfragen und Hilfsmaßnahmen für sozial und sittlich Gefährdete im Mittelpunkt gestanden hatten, befassten sich Experten in der Endphase der Weimarer Republik unter arbeitsmarktpolitischen Aspekten mit den »Folgen des Krieges für die Kinder« (Friedländer 1932). Der in der Jugendfürsorge tätige Justus Ehrhardt (1901–1944) sprach angesichts der rund 400.000 geschätzten Arbeitslosen unter 21 Jahren im Frühjahr 1930 sogar davon, für die nachwachsende Generation sei der Krieg aufgrund der belastenden Situation auf dem Arbeitsmarkt gewissermaßen auch nach dem Krieg weitergegangen (Ehrhardt 1930; vgl. Rusinek 2002). Seit Ende der 1920er Jahre wiesen die Jugendämter und die Reichsanstalt für Arbeitsvermittlung und Arbeitslosenversicherung Ministerien und Jugendverbände auf die »gesteigerte Not der Jugend« hin (Stambolis 2003, S. 121f.). Gleichzeitig beklagten sie die beschränkten Mittel der Jugendhilfe und die zunehmende Handlungsunfähigkeit infolge allgemeiner Sparmaßnahmen. Der »Reichsausschuss der deutschen Jugendverbände« arbeitete ein Notprogramm aus, mit dem versucht werden sollte, trotz der geringen finanziellen Möglichkeiten den jugendpflegerischen Aufgaben gerecht zu werden (Gräser 1995).

Vaterlose Kriegswaisen und ihre Mütter schienen zu den besonders stark Benachteiligten zu gehören, denn ihre Familien verfügten selten über finanzielle Rücklagen, um Monate der Erwerbslosigkeit und Wartezeiten bei der Suche nach einer geeigneten Stelle für den ›Nachwuchs‹ zu überbrücken. Viele Witwen hätten, so eine Mitarbeiterin des Reichsversorgungsgerichts, »unter Aufbietung aller körperlichen und seelischen Kräfte« ihren Kindern eine Ausbildung ermöglicht, doch »da erfasst diese vaterlosen Kinder nach der Ausbildung die schreckliche Welle der Arbeitslosigkeit und der damit verbundenen Nöte«. Die Mütter müssten in »vorgerücktem Alter« fürchten, ihre Arbeit zu verlieren, während zugleich »wie ein Gespenst« die Arbeitslosigkeit der Kinder nahe, deren Arbeit eigentlich eine »Hoffnung und Stütze für ihr Alter« sein sollte. Die Heranwachsenden entbehrten nun außerdem erneut in schmerzlicher Weise ihren Vater »als Berater und Führer der Kinder«, es fehlten zudem »die vielfältigen Beziehungen, die den Mann mit dem Leben verknüpfen« (Magnus, 1931, S. 17). Mit Blick auf die steigende Arbeitslosigkeit und die daraus erwachsenden Folgen für Familien sahen sich Beobachter sogar veranlasst, dramatische Szenarien zu entwerfen. Ein Kreiskommunalarzt äußerte sich diesbezüglich 1931 folgendermaßen:

> »Man ist versucht, an das Bibelwort zu denken, nach dem die Sünden der Väter sich rächen an Kindern und Kindeskindern, und wir müssen die Mahnung aussprechen, dass Völker und Gesellschaftsordnungen, die die Kinder zugrunde gehen lassen, sich damit selbst ihr Urteil sprechen« (Wienold 1931, S. 715).

1932 beschäftigten sich sogar Mitglieder der Genfer Abrüstungskonferenz mit dem Thema »Kinder und Krieg«, und zwar ausdrücklich aus gesamteuropäischer Perspektive. Es wurde eine materialreiche Denkschrift vorgelegt und festgehalten, dass deutsche, englische, französische, polnische und tschechoslowakische Kinder teilweise in vergleichbarer Weise vom Krieg und seinen Folgen betroffen waren. Anerkennend hob der Jurist und Pazifist Walter Friedländer (1891–1984) hervor, dass der Vorsitzende der internationalen Genfer Abrüstungskonferenz, der englische Labour-Politiker Arthur Henderson (1863–1935), sich persönlich dafür eingesetzt habe, dass die europaweiten Folgen des Krieges für die nachwachsende Generation in der abschließenden Generaldebatte wirkungsvoll zur Sprache gebracht worden seien (Friedländer 1932).

Unterdessen zeigten sich Politiker aus den die Republik tragenden Parteien angesichts der Wahlergebnisse und der im außerparlamentarischen Raum ausgetragenen Konflikte in der Endphase der Republik zunehmend hilflos und unfähig, angemessen auf die Situation zu reagieren. Ihre Ratlosigkeit spiegelte »die tiefe Unsicherheit von Gesellschaft und politischem System, ein angemessenes Verhältnis zur jüngeren Generation zu finden« (Mommsen 1985, S. 62). Heinrich Mann traf aus damaliger Perspektive wohl einen Kern des Problems, wenn er mit Blick auf die Orientierung suchende und sich von der Republik abwendende Jugend von einem »unsichtbaren Heer« sprach, das »einen Führer und eine Fahne« suche (H. Mann 1932, S. 76). Konservativ revolutionäre Publizisten um die Zeitschrift *Die Tat* prophezeiten, womöglich könne nur ein »Führer« die »Erlösung« bringen: »Wenn er begnadet ist, wird er die Melodie finden, auf die das XX. Jahrhundert hören wird. Dann laufen ihm die Menschen nach wie die Kinder dem Rattenfänger von Hameln.« Wenn die letzten von ihnen das Stadttor durchschritten hätten, werde eine dem 19. Jahrhundert angehörende Vätergeneration noch immer um Mehrheiten und Kompromisse feilschen (Elterlein 1930, S. 4). Der Verleger Karl Rauch (1897–1966) meinte, im Krieg hätten viele Kinder und Heranwachsende den Verlust des Vaters zunächst ganz unmittelbar schmerzlich erfahren müssen. Darüber hinaus hätten es Erwachsene auch nach dem Krieg nicht vermocht, ihnen übergeordnete ideelle Bindungen zu geben (Rauch 1933, S. 20f.; vgl. Stambolis 2013b). Der Sozialdemokrat Julius Leber formulierte in einem Brief an seine Frau im Mai 1933 folgendes Fazit:

> »Das deutsche Volk ist seit den Tagen der großen Inflation seine Existenz- und Lebensangst nie mehr ganz losgeworden. Und Lebensangst hat noch immer zum Erlösungsgedanken geführt, zu Messiasglauben usw. Das ist nicht neu. Nur die republikanischen Machthaber hatten nur Witze für diese tiefe seelische Flutung« (Beck 1983, S. 231).

Der Beginn der nationalsozialistischen Herrschaft bedeutete dann weitestgehend das Ende der um Kriegskindheiten und aus diesen erwachsende Beeinträchtigungen und Belastungen geführten Debatten, Initiativen und Maßnahmen. Nach 1933 erschien eine Serie von Büchern, die den Krieg – in Fortsetzung der bereits in den letzten Jahren der Weimarer Republik stark anwachsenden kriegsverherrlichenden Belletristik – so darstellten, als habe es die Not der Kinder und die nachhaltigen Wirkungen auf deren Leben nicht gegeben. Zu solchen Jugendbüchern für die jugendliche Erfahrungsgruppe, die anders als die zwischen 1900/1902 und 1914/1918 Geborenen keine eigenen Kriegserfahrungen, mitunter sogar keine Kriegserinnerungen mehr hatte, gehören zum Beispiel Werner Beumelburgs *Eine ganze Welt gegen uns* und Wulf Bleys *Das Jugendbuch vom Weltkrieg*, beide 1934 erschienen (Beumelburg/Reetz 1934; Bley et al. 1934). Beumelburg (1899–1963), Bley (1890–1961) und andere Autoren trugen mit dazu bei, dass die nach 1918 Geborenen, die HJ- und BDM-Generation, zumeist in Unkenntnis der Kriegserfahrungen von Kindern im Ersten Weltkrieg aufwuchsen, es sei denn, diese wurden in Familien kommuniziert und weitergegeben.

5.2 Der Siegeszug ›eiserner Zucht‹ in der NS-Zeit

Mit Beginn der Herrschaft der Nationalsozialisten änderte sich die kinderärztliche Versorgung in Deutschland grundlegend. Von den 1283 im Jahre 1933 in Deutschland amtlich registrierten Kinderärzten verloren viele wegen ihrer jüdischen Herkunft sofort ihre Arbeit; in den Folgejahren war etwa die Hälfte von Ausgrenzung oder Vernichtung bedroht (vgl. Seidler 2007, 2000; Lennert 1992). Ein großer Teil hatte sich mit der Behandlung armer Bevölkerungsschichten, der Prävention und der Betreuung von Kindern mit Entwicklungsauffälligkeiten aller Art befasst. Auch für zahlreiche ausgewiesene Praktiker und Forscher auf dem Gebiet der Kindheits- und Jugendforschung und vor allem der Sozialpädiatrie bedeutete das Jahr 1933 einen lebensgeschichtlichen und berufsbiografischen Einbruch. Ihnen wurde die Approbation entzogen, sie wurden verfolgt und ermordet (Seidler 2007, S. 3). Der deutsch-jüdische Kinderarzt Leo Langstein nahm sich nach der Machtergreifung der Nationalsozialisten das Leben.

Der Psychologe William Stern emigrierte in die Niederlande und dann in die USA. Der Psychologe Curt Bondy erhielt 1933 aus ›rassischen‹ Gründen Berufsverbot und wanderte aus. Einige der Mitglieder der »Gilde Soziale Arbeit« wurden ebenfalls entlassen, verließen Deutschland oder wurden ermordet (Stambolis 2014b).

Im Krankenhaus Moabit im Osten Berlins, wo in den 1920er Jahren Waisen- und Kriegswitwenfürsorge betrieben und Jugendliche, nachdem sie ärztlich versorgt worden waren, an Beratungsstellen vermittelt wurden, stand 1933 fast das gesamte »nichtarische« Personal vor dem beruflichen Aus. Fortan war »Willensschwäche« (Pross/Winau 1984, S. 131) die Diagnose für ›Devianz‹, das heißt abweichendes Verhalten. Bestrafung trat an die Stelle medizinischer wie fürsorgerischer bzw. pflegerischer Maßnahmen. Psychosomatische Erklärungen für Erkrankungen, wie sie der Neuropsychologe Kurt Goldstein (1879–1965) vor allem im Zusammenhang mit Kriegsneurosen vertreten hatte, wurde nicht mehr berücksichtigt. »Wissenschaftlich, menschlich und in der Betreuung kranker Kinder« kam es in Deutschland zu einem »gewaltigen Aderlass« (Seidler 2007, S. 3).

Die Betonung der Zäsur des Jahres 1933 ist zweifellos gerechtfertigt; gleichwohl sind »eiserne Zucht« und »Willensstärke« Stichworte, die als erzieherische Leitmotive über politische Umbrüche hinweg schon in der ersten Hälfte des 20. Jahrhunderts eine mehr oder weniger uneingeschränkte Gültigkeit besaßen. In der Jugend bestehe ein »heroisches Bedürfnis«, stellte beispielsweise der Historiker Friedrich Meinecke (1862–1954) Mitte der 1920er Jahre fest (Meinecke 1958, S. 380). Auf heroische Weise den Herausforderungen und Härten der Zeit zu begegnen, war ein Ideal, mit dem Heranwachsende in der Weimarer Republik durchaus vertraut waren. Angesprochen ist hier nicht nur die Tatsache, dass Jugendliche Abhärtung trainierten, indem sie – wie von Baldur von Schirach (1907–1974) überliefert (vgl. Stambolis 2003, S. 102) – auf hartem Boden schliefen oder sich anderer Härtetests, einzeln oder bevorzugt auch in Gruppen, unterzogen. Entwicklungspsychologische Studien, die unter Anregung und Mitwirkung der Psychologin Charlotte Bühler (1893–1974), einer führenden Vertreterin ihres Faches, zustande kamen, gingen auch der als generationenspezifisch aufgefassten »heroischen Pubertät« bei Mädchen nach. »Das Hervortreten des heroisch Willenskräftigen« glaubte

Bühler 1932 anhand der Tagebuchaufzeichnungen einer im Jahre 1900 Geborenen (geführt zwischen dem 14. und 21. Lebensjahr) nachweisen zu können, und dies ausdrücklich im Sinne einer grundlegenden »Lebenseinstellung« (Bühler 1931, S. 1, 5). Ebenfalls bereits vor 1933 hieß es, den alleinerziehenden Müttern vaterloser Söhne mangele es an »Bestimmtheit und Festigkeit«; sie bedürften einer starken unterstützenden männlichen Führung, damit sie nicht in einen labilen Zustand der Ziel- und Willenlosigkeit gerieten (Clauß 1931, S. 27, 100).

Parallel zum Bedeutungsverlust pazifistischer Gedenkkultur in der Endphase der Weimarer Republik setzte sich im Kontext des Erstarkens des Nationalsozialismus um 1930 ein »heroisierendes Narrativ« des Weltkriegs durch, das in den 1930er Jahren dominierte und mit dem einer intensiven ›Jugendertüchtigung‹ der Weg geebnet wurde. Diese entsprach den NS-propagandistischen Ansprüchen an eine harte soldatische Jugend. Für eine solche »Erziehung zur Härte« – angeblich im Sinne des Frontsoldatentums des Ersten Weltkriegs – sprach sich auch der Schriftsteller und NS-Propagandist Helmut Stellrecht (1898–1987) in Vorträgen und Publikationen aus: Der Soldat müsse »Herr seiner selbst« sein »in eiserner Zucht«. Er müsse unter Extrembedingungen Hunger, Durst und Kälte ertragen: »Er ist härter geworden als die Umwelt. Härter als alles. Er ist der neue Soldat« (Stellrecht 1935, S. 15; vgl. Weinrich 2013, S. 209).

In der NS-Zeit setzte sich nicht nur eine solche Stilisierung des Soldatentums durch, sondern in der Erinnerung dominierte auch die ›Erzählung‹, die Kriegskinder des Ersten Weltkriegs hätten in »Treue« zu den »Vätern im Felde« große »Tapferkeit« bewiesen; sie hätten sich beispielsweise das Weinen willensstark verboten. In einem 1935 erschienenen Erinnerungsbuch an die Heimatfront in den Jahren 1914 bis 1918 hieß es einleitend, der damalige Heldenmut und die einstige Opferbereitschaft seien »Antrieb, Vorbild« und »Wegweiser zur eigenen Leistung« (von Hadeln 1935, S. 9). Unter der Überschrift *Kleine Helden* findet sich hier ein Gedicht, das den Abschied zwischen einem offenbar alleinerziehenden Vater, der in den Krieg zieht, und seinen Kindern folgendermaßen schildert: »Der letzte Tag – schon morgen muss er fort./Der beste, treuste Vater zieht hinaus. Drei Kinder – mutterlos – lässt er zu Haus.« Die Tochter versprach eine Haltung, die auch von Kriegerfrauen stets erwartet wurde;

ihr wurde der Satz in den Mund gelegt: »Ein deutsches Mädel weint beim Abschied nicht« (von Krell 1935, S. 322).

Kinder, Mütter und Väter hatten gleichermaßen Angst und Zaghaftigkeit zu unterdrücken. Mit Blick auf die Väter resümiert Arndt Weinrich treffend:

> »Aus dem Familienvater, der nur vorübergehend zur Waffe eilt, um die Heimat zu verteidigen – ein Bild, das den Soldaten des deutsch-französischen Krieges von 1870/71 und zu Beginn des Weltkriegs beschreibt –, wurde sukzessive der monumentale Typus des eisern unter dem Rand seines Stahlhelms hervorblickenden Grabenkriegers, den seine ›Haltung‹ sogar zwingt, sich in der Entscheidung dem Kriegsdienst gegenüber seiner Liebe zu Frau und Kindern absolute Priorität einzuräumen, also die ›Stimme des Herzens‹ in sich buchstäblich zu verleugnen« (Weinrich 2013, S. 210f., S. 214f.).

Die »eisernen Zeiten« wurden auch in Anknüpfung an die Tradition der Nagelbilder des Ersten Weltkriegs wieder aufgegriffen: In Düsseldorf war 1916 unter großer Anteilnahme der Bevölkerung ein hölzerner Löwe aufgestellt worden, der in den Folgejahren benagelt im Mittelpunkt von Feierlichkeiten und wohltätigen Veranstaltungen stand. Als das Denkmal morsch und nicht mehr zu retten war, wurde es 1934 entfernt; 1937 wurde jedoch an anderer Stelle in der Stadt ein neuer hölzerner Löwe mit folgender Inschrift der Öffentlichkeit übergeben: »Opfer schufen dies Standbild in eiserner Zeit. Mahnung sei es Dir, Deutscher zur Einheit« (Brandt 2002, S. 247).

Eine ›eiserne‹ Jugend hervorzubringen, hatte vor allem die Erziehung in der Hitlerjugend im Sinn, für die nicht nur die NS-Propaganda warb, sondern für die sich auch Ärzte einsetzten, die im Rahmen der Gesundheitserziehung der HJ eine nicht unerhebliche Rolle spielten. Der Kinderarzt Gerhard Joppich (1903–1992) etwa, der sich schwerpunktmäßig bereits vor 1933 mit Fragen der »Ertüchtigung« von Kindern und Jugendlichen beschäftigt hatte und nach 1933 im Gesundheitsdienst der HJ engagiert war, plädierte 1939 für eine Form der Abhärtung, in der wenig von der Fürsorglichkeit nachwirkte, wie sie in der Pädagogik und Sozialmedizin der Jahre vor und nach dem Ersten Weltkrieg anzutreffen gewesen war (vgl. Joppich 1939a, b; Joppich/Kitzing 1939). Die Lager der HJ mit ihren körperlichen Anstrengungen galten ihm wie anderen Kollegen als Allheilmittel gegen Nervenschwäche sowie die seiner Ansicht nach ererbte oder im Säuglingsalter oder der frühen Kindheit erworbene »Zappeligkeit und Schreckhaftigkeit« (Joppich 1939a, S. 46). Der Leiter des sportärztlichen Instituts der Universität Freiburg und Mitarbeiter der Reichsjugendführung der HJ, Wolfgang Kohlrausch (1888–1980), verwies in diesem Zusammenhang darauf, dass sich die körperliche Leistung der Kriegskinder des Ersten Weltkriegs durch »Bewegung« im Freien wenigstens teilweise habe steigern lassen (Kohlrausch 1939, S. 89–91; Beddies 2010). Minutiös errechnete er tägliche Marschleistungen für »Großfahrten«, die Schwere des Gepäcks und zu erreichende Höchstleistungen. HJ-Ärzte bestanden auf körperlicher wie seelischer »Haltung« und verschrieben sich der Bekämpfung von »Haltungsfehlern« und der Erforschung der erbbiologischen Grundlagen der »Willensveranlagung« (Thomsen 1939, S. 158).

Der in der NS-Zeit vielgelesene Jugendbuchautor und Schriftsteller Wulf Bley erinnerte an eine Tradition der Willens- und Nervenstärke, die im Ersten Weltkrieg ihren ersten Höhepunkt erreicht hatte. Mit den Worten: »Der deutsche Soldat, das sind eure Väter« appellierte er an die Jugend des ›Dritten Reiches‹, die diesen willens- und nervenstarken Vorbildern nacheifern solle (Bley et al. 1934, S. 8f., S. 259). Eine solche Erziehung genossen Jugendliche indes nicht nur in der Hitlerjugend. Nach 1933 sah man Jungen wie Mädchen in Reih und Glied zum Appell antreten: auf dem Weg in Lager, in die Kinderlandverschickung und später dann auch zum Kriegseinsatz und Kriegshilfseinsatz. Die an Härte, Drill und Disziplin ausgerichteten Erziehungsnormen, die bereits im deutschen Kaiserreich gegolten und nach dem Ersten Weltkrieg lediglich in reformorientierten Schulen und Elternhäusern an Einfluss verloren hatten, gewannen nach 1933 noch einmal eine geradezu übermächtige öffentliche Geltung mit weitreichender Ausstrahlung in private familiäre Verhältnisse. Als der Soziologe und Philosoph Norbert Elias (1897–1990) – in einem sehr weiten historischen Bogen – langfristig eingeschliffene und von Generation zu Generation weitergegebene Einstellungs- und Verhaltenserbschaften in der deutschen Geschichte untersuchte, wies er treffend auf lange deutsche Wertetraditionen von Härte, Schneid und Unerbittlichkeit, auf eine, wie er schreibt, »Idealisierung der menschlichen Härte«, einen »Kult der menschlichen Unerbittlichkeit« und eine Geringschätzung des unmilitärisch ›Schlappen‹ und Zivilen hin (Elias 1992, S. 254, 256, 272).

In diesem Zusammenhang stellte das Bild von der »deutschen Mutter« zweifellos ein besonderes Thema dar, das beispielsweise in Johanna Haarers (1900–1988) Ratgeber zur Säuglingspflege *Die deutsche Mutter und ihr erstes Kind* aus dem Jahre 1934 verbreitet wurde. In ihrem Buch, dem 1936 ein weiteres mit dem Titel *Unsere kleinen Kinder* und 1939 ein Lesebuch *Mutter, erzähl von Adolf Hitler* folgte, heißt es, Kinder solle man nicht zu sehr hätscheln, sie auch mal schreien lassen; sie würden schon merken, dass sie ihren Willen nicht durchsetzen könnten. Dieses von Haarer ausdrücklich propagierte Abgewöhnen und Aberziehen von »weinerlichem Klagen und wehleidigem Heulen« wurde bis weit in die 1950er Jahre hinein systematisch durchgeführt. Das »soldatische kleine Kind« sollte nachts die Hände auf die Bettdecke legen, es sollte so schlafen, wie Soldaten angeblich schliefen. Die nationalsozialistische Erziehung erfolgte im Dienste einer gleichgeschalteten »Volksgemeinschaft« und war vor Ausbruch des Zweiten Weltkriegs und im Krieg vor allem eine Erziehung für den Kriegseinsatz von Kindern und Jugendlichen an der ›Heimatfront‹. »Sei nicht so zimperlich!« – Dieser Satz hat sich vielen Kindern, die die oben in Grundzügen umrissene Erziehung verinnerlicht haben, lebenslang eingebrannt (Chamberlain 1997). Selbst den Kleinkindern wurde während des Zweiten Weltkrieges ›beizubringen‹ versucht, dass ihre Väter an der Front über die Heimat ›wachten‹, während die Mütter nicht nur klaglos, sondern freudig und aus Überzeugung ihr Kriegsschicksal und das ihrer Kinder bejahten; wörtlich hieß es einem Kriegswiegenlied etwa: »Fühlet, ihr Kindlein, atmend im Schlummer, fühlet die Herzen der Frauen glühen Gluten für Deutschland! Im Leide blühen die tapferen Frauen in eurem Lande!« (zit. bei Schnitzler/Boß 1942, S. 86). Hans Baumann (1914–1988), Dichter unter anderem der Lieder *Es zittern die morschen Knochen* und *Hohe Nacht der klaren Sterne* (vgl. Stambolis/Reulecke 2007), schrieb:

> »Kind, die Sterne gehen weit,/du hast große Augen,/fragen mich die ganze Zeit,/was die Not kann taugen./Und das ist das allerbest,/was die Not kann taugen:/die macht dir die Hände fest,/[...] Starke Hände, um der Not/einmal Herr zu werden./Kaltes Haus und hartes Brot – lass das Fragen gehen./Einmal wirst du alle Not – gut und recht verstehen« (zit. bei Schnitzler/Boß 1942, S. 151).

Wer sollte bei diesen Zeilen nicht auch an die Worte jenes 1910 geborenen Kriegskindes des Ersten Weltkriegs denken, das durch eine ähnliche Schule der Selbstabhärtung in ›eisernen Zeiten‹ gegangen ist und meinte: »Wir wuchsen auf, mit einer Seele hart wie Stein [...]« (Wiebeck 1930, o.S., vgl. Kapitel 1)? Dass viele Kriegskinder – des Ersten wie des Zweiten Weltkriegs – zwar mit einer solchen harten Fassade, jedoch keineswegs mit einer ›robusten Seele‹ ausgestattet waren, und dass ihnen nicht selten die »Fundamente psychischer Widerstandskraft« fehlten (Berndt 2010), wurde zumeist nicht angesprochen und scheint erst aus rückblickender Perspektive eine der nachhaltigsten Langzeiterbschaften des 20. Jahrhunderts zu sein.

6. Langzeitbelastungen: Erster und Zweiter Weltkrieg im Kontext

6.1 Vom Umgang mit ›eisernen Zeiten‹ nach 1945

Im Zweiten Weltkrieg verloren Millionen von Menschen ihr Leben und ihre Heimat. In Europa wuchsen nach 1945 schätzungsweise 12 Millionen Kinder ohne Vater auf, in Deutschland dürfte es mit 2,5 Millionen ungefähr jedes vierte Kind gewesen sein. Die Gesamtzahl verwitweter Frauen belief sich 1946 auf rund 2,7 Millionen, 1950 auf 3 Millionen (Schnädelbach 2009, S. 68). Mit rund 56 Prozent waren unter ihnen die Frauen der Jahrgänge 1901 bis 1915 zahlenmäßig am stärksten vertreten, zu denen viele Mütter der vaterlos aufwachsenden Kriegskinder des Zweiten Weltkriegs gehörten (Stambolis 2012, S. 75f.). Es waren nicht nur die Erfahrungen der Bombennächte, die die Kinder des Zweiten Weltkriegs nachhaltig beeinflussten, nicht nur der Anblick von Toten und Verwundeten, oft von Menschen, die sie kannten und die ihnen nahe standen, sondern auch andere belastende oder im engeren Sinne traumatisierende Erlebnisse wie der Verlust der gewohnten Umgebung und die Unterbringung in Flüchtlingslagern. Allerdings wurde den Kriegskindern, seien es Säuglinge, Kleinkinder oder ältere Kinder, in medizinischen Zeitschriften (besonders aus dem Fachgebiet der Kinderheilkunde) eine weitaus geringere Aufmerksamkeit zuteil als im Ersten Weltkrieg und in der Weimarer Republik. Eine Erklärung dafür liegt sicher darin, dass diejenigen, die sich den spezifischen Kriegseinwirkungen auf Kinder und Heranwachsende gewidmet hatten, einer Altersgruppe angehörten, die bereits um 1930 aus dem Berufs- und Forschungsleben ausgeschieden waren. Eine weitaus größere Gruppe hatte emigrieren müssen, und ein nicht unerheblicher Teil war aufgrund ihrer deutsch-jüdischen Herkunft verfolgt oder ermordet worden (vgl. Topp 2013). Dennoch gab es besonders unter Sozialpädagogen manche, die entweder die Jahre des ›Dritten Reiches‹ mehr oder weniger angepasst überlebt hatten oder nach Kriegsende nach Deutschland zurückkehrten. Sie engagierten sich erneut in der Fürsorge, konnten auf ihr Wissen über psychische Folgen des Krieges für Kinder und Familien zurückgreifen und hatten viele belastende Faktoren in »zerstörten Familien« im Blick. Gertrud Herrmann (1901–?) etwa, die bei William Stern promoviert hatte, umriss die Situation folgendermaßen:

> »Zu der schon vorhandenen Auflösung aller festen Bindungen kamen die verheerenden Kriegs- und Nachkriegsfolgen: Abwesenheit der Väter, Überforderung der Mütter, Heimatlosigkeit und Lebensunsicherheit durch Evakuierung, Bomben und Flucht, Erwerbsunsicherheit gerade kinderreicher Mütter, das bekannte Wohnungselend mit seinen Folgen, das Problem des heimkehrenden völlig entfremdeten Vaters und vieles andere. Die Erwachsenen sind gereizt und mürbe, die Kinder [...] leben, sich weitgehend selbst überlassen und zugleich in unkindgemäßer Weise schwer überfordert; – ein trübes Bild« (Herrmann 1949, S. 3).

Das Augenmerk kritischer Beobachter galt auch der ausgeprägten Autoritätsgläubigkeit der deutschen Mehrheitsbevölkerung und ihrem autoritären Erziehungsstil bei gleichzeitigem Verfall väterlicher Autorität (vgl. Horkheimer et al. 1936; Rodnick 1948; Adorno et al. 1950); an frühe diesbezügliche Studien im Exil und in der unmittelbaren Nachkriegszeit knüpfte Alexander Mitscherlich (1908–1982) später an (Mitscherlich 1955, 1963; vgl. Freimüller 2008). Eine internationale Konferenz über »Fragen der psychischen Gesundheit und der menschlichen Beziehungen in Deutschland« in Princeton griff diese Themen 1950 auf. Angesichts der massiven materiellen und psychischen Schäden im Nachkriegsdeutschland sollten deutsche Pädagogen, Psychologen und Ärzte in die Lage versetzt werden, eine sinnvolle Tätigkeit auszuüben. Zu diesem Zwecke sollte auch die deutsche Wissenschaft nach dem Ende des ›Dritten Reiches‹ wieder anschlussfähig gemacht werden. So sollten angemessene professionelle Strategien im Umgang mit NS- und Kriegstraumatisierten entwickelt werden, die allerdings den spezifisch deutschen Appell an Härte im Umgang mit sich selbst und die viel zitierte Willensstärke ausdrücklich vermeiden sollten. Vielmehr bestehe – so hieß es – ein »Mangel an ausreichenden Reaktionen des Gefühls« und eine »Art der ›emotionalen‹ Müdigkeit« und scheinbarer »emotioneller Unempfindlichkeit«, die nicht nur in Deutschland, sondern auch in anderen am Zweiten Weltkrieg beteiligten Ländern das »Miteinander der Menschen« beeinträchtige (Anonym 1950, S. 124). Besonders die soziale Arbeit mit Jugendlichen stand im Fokus des internationalen Interesses, wobei die Konferenzteilnehmer ihre Kolleginnen und Kollegen sowie Institutionen einbezogen, die sich in der Zwischenkriegszeit die Linderung der sozialen Not und familiären Belastungen der Kriegskinder des Ersten Weltkriegs zur Aufgabe gemacht hatten. Namentlich genannt wurde zum Beispiel Curt Bondy, ein führendes Mitglied der »Gilde Soziale Arbeit«, der 1933 entlassen wurde, dann in die USA emigrierte, 1948 remigrierte und ab 1949 eine Professur für Psychologie und Sozialpädagogik in Hamburg innehatte. Auch Lina Mayer-Kulenkampff (1886–1971) wurde einbezogen, die ebenfalls der »Gilde Soziale Arbeit« verbunden war, mehrere soziale Schulen leitete und unter anderem in der »Victor-Gollancz-Stiftung« zur Unterstützung von Hilfsprojekten für die deutsche Jugend mitarbeitete (Maier 1998, S. 386f.). Mit diesen und vielen weiteren international vernetzten Initiativen gewannen wenigstens teilweise Erziehungsvorstellungen und ein Menschenbild neue Anerkennung, die während der 1930er Jahre biologistischen und bis zur Unmenschlichkeit pervertierten ›Zucht‹-Auffassungen gewichen waren (vgl. Castell et al. 2003; Topp 2013, S. 101–199).

Fast zeitgleich ging es in programmatischen Reden nach 1945 wiederholt darum, wie historische Schuld abgetragen und aus Fehlern der Vergangenheit gelernt werden könne. Es wurden Gemeinsamkeiten und Unterschiede zwischen den Nachkriegszeiten nach 1918 und 1945 thematisiert und folgende Fragen gestellt: Was unterschied die Heranwachsenden nach dem Ersten und nach dem Zweiten Weltkrieg? Welche Bedeutung konnte die Vision eines Jahrhunderts des Kindes noch haben? Lässt sich noch an einstige Idealvorstellungen eines frei und ohne Zwang sich entwickelnden Kindes und jungen Menschen anknüpfen? Der Theologe Paul Schempp

(1900–1959), in den Jahren des ›Dritten Reiches‹ Mitglied der Bekennenden Kirche, warnte 1946: »Man darf die heutige Jugend nicht vergleichen und noch weniger verwechseln mit der Nachkriegsjugend des Ersten Weltkriegs.« Es gebe nach Ende des Zweiten Weltkriegs bei Heranwachsenden »kein Heimweh nach vormilitärischer Ausbildung, nach Flaggenparaden und völkischen Phrasen, nach Arbeitsdienst und Soldatsein« (Schempp 1946a, S. 4f.). Nach zwei Kriegen sei gleichsam ein Jahrhunderttraum geplatzt, nämlich der von einem Heranwachsen junger Menschen in Freiheit und Selbstbestimmung, eine Hoffnung, die auch in der Jugendbewegung vertreten worden sei (vgl. Schempp 1946b; Scharpf 1998, S. 11f., 86–89). Diesem Umfeld zuzurechnen ist besonders die bereits genannte »Gilde Soziale Arbeit«, ein lockerer Kreis von Pädagogen und Sozialarbeitern mit zumeist jugendbewegtem Hintergrund, die sich in der zweiten Hälfte der 1920er Jahre zu einer Arbeitsgemeinschaft zusammengeschlossen hatten; nach 1945 wurde diese von Überlebenden wiederbegründet, die entweder während des ›Dritten Reiches‹ emigriert waren oder auch mehr oder weniger angepasst ihre erzieherische und jugendpflegerische Tätigkeit nach 1933 in Deutschland fortgesetzt hatten (Schnurr 1997).

Mitglieder und Freunde der »Gilde Soziale Arbeit« brachten Anregungen aus dem Ausland mit, außerdem kommunizierten sie mit Kollegen in England, den USA oder der Schweiz, waren also gut vernetzt und keineswegs geistig isoliert. Sie pflegten einen regen Gedankenaustausch über die Grenzen hinweg, so wie den Kontakt mit dem Philosophen Walter Robert Corti (1910–1990), der gegen Kriegsende in der Schweiz das »Pestalozzi-Kinderdorf« gegründet hatte, ein Hilfswerk, um Kindern aus den vom Zweiten Weltkrieg betroffenen Ländern Europas ein neues Zuhause zu geben (vgl. Stambolis 2014a; Corti/Schmidlin 2002). Sie ließen sich über im angelsächsischen Raum verbreitete Familienberatungsstellen informieren, die therapeutisch orientiert waren und von Teams aus Kinderpsychiatern, Psychologen und Sozialarbeitern geleitet wurden. Diejenigen, die sich in dieser Weise, das heißt mit einem Gespür für die psychischen Probleme von Kindern und Heranwachsenden nach dem Zweiten Weltkrieg äußerten, gehörten nicht selten der Kriegsjugendgeneration des Ersten Weltkriegs an. Aus ihren Reihen kamen viele Anregungen, wie die Jugend des Zweiten Weltkriegs vor solchen Kriegsfolgen zu bewahren sei, die sich nach 1918 als besonders gravierend herausgestellt hatten: Hunger, Verwahrlosung, Bindungs- und Orientierungslosigkeit.

Viele von ihnen hatten bereits in der Weimarer Republik mit Jugendlichen gearbeitet und wussten, was Kriegskindheit und deren Folgen bedeuteten. Unter ausdrücklichem Bezug auf eigene Erfahrungen waren sie – unter Berufung auf den britischen Journalisten Victor Gollancz (1893–1967) – überzeugt, dass seelische Beeinträchtungen infolge des Krieges bei Weitem schwerwiegender seien als Unterernährung, überfüllte Schulen oder der Mangel an Kleidung. In der »Gilde Soziale Arbeit« wurde nun der Versuch unternommen, an Erkenntnisse der Kinder- und Jugendforschung aus den ersten Jahrzehnten des 20. Jahrhunderts anzuknüpfen und diese in der Jugendarbeit in einer Weise umzusetzen, wie dies in der Zwischenkriegszeit nicht möglich gewesen war. Es bestand die Hoffnung, den zwischen 1930 und 1945 Geborenen möge ein ›besserer Start ins Leben‹ als den zwischen 1900 und 1918 auf die Welt Gekommenen zuteil werden. Sie wollten aus der Geschichte lernen, wie sie wiederholt versicherten, und der nachwachsenden Generation ihre ganze Aufmerksamkeit widmen. In dieser Weise äußerte sich auch Elisabeth Siegel 1948. Die »geistigen und seelischen Grundlagen der Arbeit der Sozialtätigen« speisten sich ihrer Auffassung nach aus der Zwischenkriegszeit. »Der erste Krieg und seine Folgen« hätten »der Öffentlichkeit – und zuerst dem Sozialarbeiter – die Begegnung mit solchen bis dahin unbekannten Gruppen von Hilfsbedürftigen [gebracht]; die Kriegsversehrten, die Kriegshinterbliebenen […] stellten der öffentlichen Fürsorge neue Aufgaben« (Siegel 1953, S. 7).

In Rundbriefen, Tagungsprotokollen, Zeitschriften- und Buchpublikationen aus dem Umfeld der »Gilde Soziale Arbeit« spiegelt sich auf eindrucksvolle Weise ein sehr klares Bewusstsein für die psychischen Folgen der Kriegskindheit nach dem Ende des Zweiten Weltkriegs wider, dies in der Regel unter Bezugnahme darauf, wie es nach 1918 gewesen sei und welche Erkenntnisse man ja bereits gehabt habe, die damals allerdings nicht in der erhofften Weise Eingang in die Praxis gefunden hätten. Die Sozialwissenschaftlerin Elisabeth Lüdy (1891–1983) etwa konnte unmittelbar an ihre Studien über vaterlose Familien aus der Zwischenkriegszeit anknüpfen (vgl. Baum et al 1926; Lüdy 1932, 1952, 1953, 1954). Sie stellte vor allem die große Gruppe von etwa 2,5 Millionen »vaterlosen

Kindern« in der BRD und Westberlin heraus. Die vielfach erwerbstätigen Mütter seien überlastet und hätten keine Zeit für ihre »Schlüsselkinder«. Sie habe bereits 1948 versucht herauszufinden, was aus den 184 vaterlosen Berliner Familien geworden sei, die sie Ende der 1920er Jahre untersucht hatte. Leider habe sie nur 19 auffinden können. Auf jeden Fall sah sie Parallelen zwischen den Nachkriegsverhältnissen nach dem Ersten und dem Zweiten Weltkrieg und setzte sich deshalb besonders für Unterstützung der kriegsbedingt vaterverwaisten Familien ein, indem sie eine Kriegerwitwe des Ersten Weltkriegs aus ihrer Zwischenkriegsstudie zitierte. Diese habe gesagt: »Wieviel Kindheit ist zerstört worden dadurch, dass eine ewig gehetzte Mutter nie genügend Zeit und Muße für der Kinder Leid und Freud hatte« (Lüdy 1956, S. 10).

In Publikationen der »Gilde Soziale Arbeit« bildeten die desolaten Familienverhältnisse von Kriegskindern und die daraus abzuleitenden Hilfsmaßnahmen ein zentrales Thema. Zu den Unterstützungsbedürftigen zählten – wieder ausdrücklich unter Bezugnahme auf historische Erfahrungen nach dem Ersten Weltkrieg – auch ›wandernde Jugendliche‹ und Heranwachsende ohne berufliche Perspektiven sowie Fragen der Heimerziehung, wobei sich an den milieubezogenen Verwahrlosungsbegriff der Zwischenkriegszeit ebenso anknüpfen ließ wie an die eingeschränkten jugendfürsorgerischen Möglichkeiten in der Weimarer Republik. Hanns Eyfert (1901–1989) etwa, der in den 1920er Jahren ein von dem Heilpädagogen Johannes Trüper (siehe Kapitel 2) ins Leben gerufenes Heim für entwicklungsgeschädigte und -gestörte Kinder mit geleitet hatte, erinnerte daran, dass sich die Jugendfürsorge in ihrer ersten Hochzeit im ersten Drittel des 20. Jahrhunderts leider nicht in vollem Umfang habe entfalten können. Sie sei »Behörde« geblieben, statt sich sozialpädagogisch um ihre »Schützlinge« und deren psychische Bedürfnisse zu kümmern. Es bestehe nach wie vor die Gefahr, dass man »›in Ämtern‹ denkt […] statt ›in Menschen‹«, zitierte Eyferth den Nestor der deutschen Fürsorgeerziehung, Wilhelm Polligkeit (1876–1960), der sich bereits 1917 mit der »Kriegsnot der aufsichtslosen Kinder« beschäftigt hatte (Eyferth 1952, S. 1; Polligkeit 1917; vgl. Stein 2009). Auch nach dem Zweiten Weltkrieg drohe, so Eyferth, die Gefahr, dass sich ein bürokratischer Geist durchsetze. Angesichts einer »Zeit der verstärkten Vaterlosigkeit« sei das besonders fatal (Eyferth 1952, S. 2).

Gegen Ende der 1950er Jahre machte sich dann eine gewisse Enttäuschung breit: In den ersten Nachkriegsjahren habe man noch von »Erziehung als Welterneuerung« gesprochen, diesen Gedanken aus der Zwischenkriegszeit jedoch im Grunde schon »begraben«. Mit Erziehung lasse sich die Welt eben nicht grundlegend verändern (Mollenhauer 1959). Auf das ›Jahrhundert des Kindes‹ wurde kaum noch Bezug genommen, und es entbehrt nicht einer gewissen Ironie der Geschichte, dass ausgerechnet der Pädiater Gerhard Joppich, der »eiserne Zucht« in der HJ durchzusetzen versucht hatte (siehe Kapitel 5) und dennoch nach 1945 weiter angesehene Ämter bekleidete, 1956 in Göttingen vor Studenten eine Rede über »das Kind im Jahrhundert des Kindes« (Joppich 1957) hielt, das zu Ende gegangen sei, ohne dass sich die einst in das neue Säkulum gesetzten Hoffnungen erfüllt hätten (vgl. Baader et al. 2000). Manche der einst idealistischen sozialreformerischen Verfechter kind- und jugendgerechter Schutzmaßnahmen gerieten jetzt in die Defensive. Sie versuchten zwar noch, die Halbstarkenkrawalle der späten 1950er Jahre mit Bezug auf historische Parallelen zu deuten, machten aber zunehmend die Beobachtung, dass die Kriegskinder des Ersten und die des Zweiten Weltkriegs sich in ihren Lebensperspektiven grundlegend unterschieden. Während gefährdete Jugendliche der 1920er Jahre vor allem von Verwahrlosung durch Perspektiv- und Arbeitslosigkeit bedroht gewesen seien, lägen die Gefahren nach 1945 jedoch in gänzlich anderen Bereichen, nämlich in »einer zivilisierten, übertechnisierten, entzauberten, von Abenteuern entleerten, wirtschaftswunderbaren Welt« (Muchow 1957, S. 437). Die meisten Gildemitglieder gehörten zudem zu einer Altersgruppe, die den Zukunftsoptimismus Reformbewegter der Jahrhundertwende als Auftrag empfunden hatte, die (Selbst-)Entfaltung von Kindern und Jugendlichen im weitesten Sinne zu fördern. Für viele von ihnen mag gegolten haben, was Günther Anders rückblickend über seinen Vater, den Psychologen William Stern, äußerte: Die ›Freiheit‹, die »›Selbstentfaltung‹ der Person« von der Letzterer ausgegangen sei, habe sich im Kind »eher bestätigt als im Erwachsenen. […] In gewissem Sinne war ihm, wie Vielen im Jahrzehnt nach der Jahrhundertwende, das Kind, als ›Potentialität‹, die eigentliche Verkörperung des Menschen« (Anders 1950, S. XXVII).

Das Verdienst der »Gilde Soziale Arbeit« und anderer Kenner der Lebensbedingungen von Heranwachsenden nach dem Ersten Weltkrieg lag in erster Linie darin, dass sie nach dem Zweiten Weltkrieg zu einer Rückbesinnung auf eine Sichtweise des kindlichen und jugendlichen Seelenlebens beitrugen, die in der NS-Zeit fast verschüttet worden war, bevor sie gegen Ende des 20. Jahrhunderts eine neue Konjunktur erlebte. Dazu gehörten vor allem Fragen nach Zusammenhängen von psychischen Belastungen und körperlichen Symptomen, dass zum Beispiel das Bettnässen von Kindern auch seelische Ursachen hat oder dass eine Abkapselung von Gefühlen und ›seelische Erstarrung‹ aus innerer Not heraus erfolgen könnten. Auf diesen Fundamenten baut die interdisziplinäre Kriegskinderforschung heute, zu Beginn des 21. Jahrhunderts, mit auf, zumeist jedoch, ohne die soeben skizzierten Einsichten aus der Zwischenkriegszeit und ihr teilweises ›Revival‹ nach 1945 hinreichend einzubeziehen.

6.2 Psychohistorische Erbschaften des 20. Jahrhunderts

Im Jahre 2014 ist der hundertste Jahrestag des Beginns des Ersten Weltkriegs nicht nur für Historiker ein Anlass, sich dem 20. Jahrhundert noch einmal in besonderer Weise in einer rückblickenden Langzeitperspektive zuzuwenden: Angehörige der Kriegskindergeneration des Zweiten Weltkriegs glauben, erst allmählich begännen sie, ihre Eltern, viele von ihnen Kriegskinder des Ersten Weltkriegs, besser zu verstehen – zumeist leider erst nach deren Tod. Eine Betroffene, Waltraut Rose Reiber, 1936 geboren, entdeckte erst kürzlich das Tagebuch ihrer 1901 geborenen Mutter aus den Jahren 1917 bis 1922 und fragt sich nun, ob die »Bleichsucht, Blutarmut und das unendliche Müde-Sein«, von dem die Mutter in ihren Aufzeichnungen schrieb und über die sie offenbar gegenüber ihrer Tochter nie gesprochen hat, Langzeitfolgen gehabt und zu einer Lebenserschöpfung im Alter beigetragen habe. Immerhin ist ihre Mutter, eine Kriegerwitwe des Zweiten Weltkriegs, 82 Jahre alt geworden. Überrascht stellt die Tochter, wie sie der Verfasserin im Januar 2014 berichtet, beim Lesen des Tagebuchs fest:

> »Bislang war es mir völlig unbekannt und vielen Menschen, mit denen ich spreche auch, dass Stuttgart bereits im Ersten Weltkrieg so häufig bombardiert wurde […]. Dabei ›höre‹ ich noch die Worte meiner Mutter bei

> Fliegerangriffen 1943 bis 45 (wir wohnten 50 km südlich von Stuttgart in Reutlingen), als der Himmel rot war: ›Oh, mein Stuttgart brennt!‹ Erst heute erkenne ich, welche angstbesetzten Erinnerungen die Fliegerangriffe im Zweiten Weltkrieg bei meiner Mutter wohl wach gerufen haben müssen, die sie zumindest für mich als Tochter in keiner Weise erkennen ließ. Sie war für mich in brenzligen Situationen immer ein ›Fels in der Brandung‹.«

Angerührt fühlt sie sich auch bei der Lektüre persönlicher Aufzeichnungen ihres Vaters aus dem Jahre 1932, der hoffte, seiner soeben geborenen Tochter werde ein Krieg erspart bleiben; wörtlich berichtet sie in einem Gespräch mit der Verfasserin im Januar 2014:

> »Bei der glücklichen Geburt des zweiten Kindes am 14. Februar 1932 legt der Vater ein Buch an mit reizenden Zeichnungen, einen berührenden Willkommensgruß an die kleine Tochter. Dabei schildert er unter anderem auch die schwierigen politischen Zeitläufe, in die sie hineingeboren ist. Er schreibt: ›Hoffentlich haben wir richtig gewählt, damit unser Land aus seiner Misere herauskommt und Du in eine Welt hineinwächst, die Du mit gestalten kannst.‹ Er erwähnt auch, dass es hoffentlich so etwas wie den Krieg von 1914 bis 1918, den er miterlebt hat und bei dem er seinen Bruder verlor, der im Feld geblieben ist, nicht mehr geben wird.«

Viele Kriegskinder des Zweiten Weltkriegs hatten sich seit einigen Jahren zunächst mit ihren eigenen Erfahrungen und lebenslangen kriegsbedingten Belastungen, mit dem Verlust von Angehörigen sowie Flucht und Vertreibung auseinandergesetzt. Mittlerweile fragen sich manche nun darüber hinaus einerseits, unter welchen Bedingungen ihre Eltern aufgewachsen sind und andererseits, welche ›Erbschaften‹ sie selbst möglicherweise bewusst oder unbewusst an ihre Kinder und Enkel weitergegeben haben; sie sehen also das 20. und beginnende 21. Jahrhundert in weiteren Zusammenhängen. Sie verorten sich also, um es noch einmal anders zu formulieren, zum einen generationell »im Kreise ihrer Altersgenossen«, zum anderen stellen sie sich in zunehmendem Maße mit Blick auf ältere und jüngere Alterskohorten in die Zeit bzw. in die Geschichte (vgl. Reulecke 2003). Sie fragen danach, welche Geheimspuren aus den Lebensgeschichten ihrer

Eltern und Großeltern sich vielleicht noch in ihrem eigenen psychischen ›Haushalt‹ entdecken lassen. Für diejenigen, die wissen, wo ihre im Ersten Weltkrieg gefallenen Großväter beerdigt wurden, werden die Geschichten der Großeltern und Eltern wieder lebendig. In der Familie von Ute Klein beispielsweise, deren Vater im Zweiten Weltkrieg umgekommen ist, ist kriegsbedingte Vaterlosigkeit ein Mehrgenerationenthema, das in der Familienerinnerung ausdrücklich auch als Trauerthema eine Rolle spielt. Sie schreibt im November 2013 an die Verfasserin:

> »Das Grab meines (1915 gefallenen) Großvaters mütterlicherseits ist in Frankreich und wird von der Kriegsgräberfürsorge betreut. Meine Mutter (Jahrgang 1914) war mit uns Kindern einmal in Frankreich sowohl am Grab ihres Vaters (unseres Großvaters) als auch ihres Mannes (unseres Vaters, geboren 1905). Eine sehr eindrückliche und bewegende Reise.«

Das Totengedenken ist ihr vor allem mit Blick auf ihre Eltern bis heute wichtig, wie sie betont:

> »Wir haben in unserer Familie 2005 im November den 100. Geburtstag meines Vaters […] gefeiert, da lebte meine Mutter noch. 2014 im April werden wir ihren 100. auch festlich begehen; sie wurde 99 Jahre alt.«

Ähnliche persönliche Rückblicke auf den Ersten Weltkrieg werden gegenwärtig in zahlreichen Familien angestellt. Bezüge zur eigenen Familiengeschichte waren wohl auch ein Anlass für den französischen Historiker Olivier Faron, sich in einer wissenschaftlichen Studie den kriegsverwaisten französischen Kindern des Ersten Weltkriegs, besonders ihrer nationalen Bedeutung als »Heldenkinder« und »pupilles de la nation« (den »nationalen Mündeln«), zuzuwenden (Faron 2001; vgl. Pignot 2012). Deutschen Historikern ist es bisher zumeist schwerer gefallen, einen Zusammenhang zwischen ›Leben und Werk‹, gedankliche Verknüpfungen zwischen der eigenen, persönlichen Geschichte und dem Gegenstand ihrer Forschungen herzustellen und darüber auch zu sprechen (vgl. Stambolis 2010). Olivier Faron hingegen betont in der Einleitung zu seiner Studie über französische Kriegswaisenkinder des Ersten Weltkriegs, dass ihm ein solches Schicksal in der eigenen Familie seit Langem bekannt sei; ein Onkel gehöre zu dieser Erfahrungsgruppe, deren männliche Angehörige ja dann zumeist Soldaten im Zweiten Weltkrieg gewesen seien. In den 1990er Jahren seien die letzten dieser »Heldenkinder« noch einmal öffentlich geehrt worden. Sein Onkel habe zu den wenigen noch lebenden »Mündeln der Nation« gehört, die dann innerhalb kurzer Zeit alle gestorben seien.

Obwohl der hundertste Jahrestag des Beginns des Ersten Weltkriegs 2014 derzeit große Resonanz findet, steht – wie bereits eingangs erwähnt – die Erfahrungsgeschichte der Kriegskinder des Ersten Weltkriegs nicht im Fokus des Interesses. Selbst in der französischen Forschung sind viele Fragen bislang unbeantwortet geblieben; die Trauer der Halbwaisen um den Verlust des Vaters und der seelische Schmerz von Kindern etwa, deren Väter körperlich und seelisch beeinträchtigt aus dem Krieg heimkehrten, ist noch nicht hinreichend untersucht worden (Audoin-Rouzeau 2003, S. 141). In der deutschen Geschichtswissenschaft liegen Arbeiten zu Kriegskindheiten im Ersten Weltkrieg entweder Jahre oder gar Jahrzehnte zurück (Christadler 1978; Dülffer/Holl 1986; Demm 1996, 2001). Untersuchungen aus den letzten Jahren, in denen deutsche Kriegskinder des Ersten Weltkriegs im Mittelpunkt standen, hatten meist Fragen zur Vorgeschichte des nationalsozialistischen Unrechtsstaates und seiner Akzeptanz im Blick (Donson 2010, 2006). Mit einer ganzen Bandbreite von Beeinflussungen und daraus sich entwickelnden mentalen und habituellen Prägungen des Führungskorps der Hitlerjugend etwa hat sich Arndt Weinrich befasst. Baldur von Schirach, so Weinrich, sei der »paradigmatische Fall eines sekundär brutalisierten Kriegskindes« (Weinrich 2013, S. 23), und er spitzt damit seine These zu, der Erste Weltkrieg bilde das Fundament der Welt- und Selbstsicht sowie der allmählich – stark beeinflusst durch zeittypisches Kriegsgedenken nach 1918 – sich festigenden Lebensentwürfe einer großen Gruppe zumeist zwischen 1900 und 1910 geborener Jugendlicher, die später führende Positionen in der HJ innehatten. Nach Langzeitperspektiven des 20. Jahrhunderts wurde jedoch allenfalls ansatzweise gefragt, wie nach den über mehrere Generationen weitergegebenen Erziehungsnormen (vgl. Reulecke/Stambolis 2007) oder nach lebenslangen und möglicherweise auch generationenübergreifenden Folgen kriegsbedingter Vaterlosigkeit nach dem Ersten und nach dem Zweiten Weltkrieg (Stambolis 2012).

Hinsichtlich der soeben angesprochenen generationenübergreifenden Gesichtspunkte in der deutschen Geschichte bedeutete das Jahr 1945 jedenfalls keineswegs den Zusammenbruch der bis dahin weit verbreiteten, an ›eisernen‹ Nerven und ›eiserner‹ Disziplin orientierten Erziehungsvorstellungen. In den ›eisernen‹ Zeiten der beiden Weltkriege erlebten sie jeweils eine Hochkonjunktur. Sie prägten mehrere Generationen und wurden von den Eltern der Kriegskinder des Ersten Weltkriegs an diese weitergegeben, die sie dann wiederum auf die Kriegskinder des Zweiten Weltkriegs übertrugen. Im Ersten wie im Zweiten Weltkrieg galt soldatisch unerbittliche Härte als vorbildlich. Sie stellte nicht nur eine männliche Tugend dar, auch die Frauen und vor allem Mütter setzten aus Überzeugung auf eine solche Haltung, oft ausdrücklich im Auftrag ihrer Männer, die aus dem Krieg geschrieben hatten, sie sollten streng durchgreifen. Der »Siegeszug der eisernen Zucht« in den Jahren nach 1933 verstärkte sicher noch einmal die Akzeptanz derartiger Normen und Werte, an deren Verbreitung vor allem Johanna Haarers *Die deutsche Mutter und ihr erstes Kind* Anteil hatte. Die Kriegskinder des Zweiten Weltkriegs, zwischen 1930 und 1945 geboren, ahnten sicher zunächst auch instinktiv, dass sie dann die besten Überlebenschancen hatten, wenn sie sich als »nicht zimperlich« erwiesen. Sie haben selten geklagt und gewimmert! (vgl. Reulecke/Stambolis 2007; Stambolis 2011). Und noch heute erzählen einige Betroffene, ohne dabei – äußerlich jedenfalls – zu erschrecken, dass sie zu Hause als Kinder bei Tisch nicht hätten sprechen dürfen und ihre Mutter stets einen Stock auf dem Esstisch gehabt habe, der bei kleinsten Regelüberschreitung auch »zum Einsatz« gekommen sei.

Es ist hier ein psychohistorisches, kultur- und mentalitätsgeschichtliches Problem angesprochen, das für die generationelle Weitergabe von Normen, Wertorientierungen und Verhaltensweisen gegenüber nachfolgenden Altersgruppen sowie im Sinne generationeller Übertragungen von Überzeugungen, Werten und deren habituellen Ausdrucksformen im 20. Jahrhundert zwischen der Weimarer Republik, dem ›Dritten Reich‹ und der Zeit der Bundesrepublik von nicht zu unterschätzender Bedeutung war. Viele Kriegskinder des Zweiten Weltkriegs betonen noch heute im Alter, »alles« sei gelungen, es habe insgesamt »keinerlei Schwierigkeiten« gegeben, obwohl sie zugleich Beispiele für schmerzliche Erfahrungen anführen.

Den Satz: »Sei froh, dass Du lebst« (Scheib 2001) hatten ihnen die Erwachsenen mit auf den Weg gegeben und ihnen damit die Möglichkeit versperrt, psychischen Verletzungen nachzuspüren (Brauerhoch 1999). Aus dem Überlebensmotto wurde vielmehr die Lebensdevise »Hurra, wir leben noch«, in der das Nachdenken über »Beschädigungen« keinen Platz hatte.

Vielen einstigen Kriegskindern des Zweiten Weltkriegs ist während ihrer erst seit einigen Jahren intensiven Beschäftigung mit ihrer Kindheit und Jugend deutlich geworden, dass der offene Umgang mit Gefühlen für sie ungewohnt ist. Darüber haben sie in Familiengesprächen nachgedacht. Dem Wunsch von Angehörigen der Kriegskindergeneration, mit ihren mittlerweile erwachsenen Kindern ins Gespräch zu kommen, lag bzw. liegt nicht zuletzt die Frage zugrunde, was sie möglicherweise un- oder halbbewusst an Ängsten und Unsicherheiten aus ihrer Kindheit weitergegeben haben könnten. Dabei steht häufig folgendes Thema im Mittelpunkt: Betroffene schildern ihre innere Einsamkeit und Ungeborgenheit als Kinder, vor allem eine grundlegende fehlende körperliche Nähe zu ihren Müttern und ihre eigene möglicherweise auf frühen Erfahrungen zurückgehende Unfähigkeit, Zärtlichkeit zu zeigen, die eigenen Kinder beispielsweise umarmen zu können. Sie glauben, es habe ihnen an emotionaler Wärme und somit der Fähigkeit gefehlt, ihre Kinder »in den Arm zu nehmen«. Eine Betroffene meinte, sie habe auch ihren Kindern gegenüber mit »Körperlichkeit ganz große Probleme« gehabt: sie habe manchmal an ihrer Fähigkeit gezweifelt, »Liebe überhaupt zu zeigen«.

Hans Joachim Maaz hat die Liste der ›eisernen‹ Erziehungsvorschriften noch um einige ergänzt: »Schreien kräftigt die Lungen!«, »Lasst ihn doch weinen und brüllen, bis er erschöpft ist, sonst wird er verwöhnt!«, »Sei keine Heulsuse, sei tapfer, beiß die Zähne zusammen, das ist doch nicht so schlimm!« Und er formuliert schließlich die ausgesprochen zugespitzte These, eine solche Erziehung habe nachhaltig zu einer »Mutterverarmung« geführt, die mehrere Generationen geprägt habe. Maaz wörtlich:

> »Zu solchen Misshandlungen kindlicher Seelen ist nur fähig, wer in ähnlicher Weise misshandelt worden ist, aber, um zu überleben, das böse Handeln der Eltern allmählich als richtig und vernünftig akzeptiert hat, um es dann an die eigenen Kinder weiterzugeben« (Maaz 2003, S. 85).

Möglicherweise bedarf es solcher provozierender Deutungen von psychischen Erbschaften, um sich dann jedoch wieder einer vorsichtigeren Spurensuche zuzuwenden, dies besonders in individuellen Familiengeschichten, in denen exemplarische Erfahrungen und Lebensentwürfe sichtbar werden können, die wiederum die Grundlage für differenzierte Untersuchungen zu Kontinuität und Wandel generationenübergreifender verinnerlichter Denkmuster und ›Haltungen‹ darstellen.

Dass Angehörige der Kriegsgeneration des Zweiten Weltkriegs sich heute auf solche Gefühlsfragen und lange vernachlässigte Gefühlsbedürfnisse einlassen, ist angesichts ihrer Erfahrungen keineswegs selbstverständlich. Dieser Befund mag für Kinder des Ersten wie des Zweiten Weltkriegs zutreffen, ist jedoch für erstere nicht erhoben worden und stellt ein Beispiel für die methodischen Schwierigkeiten eines psychohistorischen Vergleichs von Weltkriegserfahrungen dar. Auch dürfte grundsätzlich Vorsicht geboten sein, von generationenübergreifend weitergegebenen Weltkriegs-Traumata zu sprechen (vgl. Lamparter et al. 2013). Aus zeithistorischer Sicht scheint es deshalb allenfalls angebracht, Spuren von schwerwiegenden Belastungen über mehrere Generationen aufzuzeigen und sich vorsichtig Antworten auf die Frage nach psychohistorischen Erbschaften anzunähern. Vergleiche der Nachkriegszeiten haben diesbezüglich erst zu vorläufigen Erkenntnissen geführt. Zur Situation von Kriegskindern nach dem Ersten und nach dem Zweiten Weltkrieg und den Halbfamilien, in denen viele aufwuchsen, lässt sich mit einiger Sicherheit sagen, dass sowohl nach 1918 als auch nach 1945 Müttern in der Erziehung der Kinder weniger zugetraut wurde als in vollständigen Familien und dass es für die Trauer von Witwen und Waisen im öffentlichen Gedenken kaum einen angemessenen Platz gab. Ob Kriegerwitwen es nach dem Zweiten Weltkrieg schwerer hatten als nach dem Ersten oder umgekehrt, ist jedoch bislang wohl kaum wirklich nachgewiesen worden, wobei vor allem nach den möglichen Vergleichsgrundlagen gefragt werden müsste.

Die kriegspolitische Planung der Nationalsozialisten hat vor allem vermeiden wollen, dass sich die Hungererfahrungen der deutschen Zivilbevölkerung nicht wiederholten, jedoch hatte der Luftkrieg mit seinen Folgen für die Zivilbevölkerung im Zweiten Weltkrieg eine dem Ersten nicht zu vergleichende Dimension. Von der nationalsozialistischen Vernichtung der Juden in Europa abgesehen, die jedem Vergleich zwischen dem Ersten und dem Zweiten Weltkrieg eine Grenze setzt, stellt auch das Ausmaß von Flucht und Vertreibung im Zweiten Weltkrieg und in den Jahren nach 1945 Facetten von Kriegs- und Kriegsfolgeerfahrungen dar, die Unterschiede in den beiden Weltkriegen sichtbar werden lassen. Zu einer differenzierten Betrachtungsweise riet auch Birthe Kundrus. Gegenüber 1914 hätten sich »die familiären, politischen und ökonomischen Bedingungen [...] 1939 in vielerlei Hinsicht verändert«. Zudem sei stets »eine ganz große Bandbreite von Lebenswelten und Einstellungen« zu berücksichtigen (Kundrus 1995, S. 420). Spezifisch für die Situation nach dem Zweiten Weltkrieg mag auch die gleichzeitige Erfahrung von Flucht und Vaterlosigkeit für eine große Gruppe von Kriegskindern und -jugendlichen gewesen sein. Außerdem setzte anders als nach 1918 ein über Jahre deutlich spürbarer wirtschaftlicher Aufschwung ein; demokratische Verhältnisse etablierten sich, und es fand ein Abschied von den traditionellen heroischen Männlichkeitsvorstellungen statt.

Aus der Sicht der Zeitgeschichte ist vor allem Folgendes zu ergänzen: Wenn die Männer nach 1945 allmählich aus dem Krieg heimkehrten, oft physisch und psychisch versehrt, zeigte sich häufig schon bald im Umgang mit ihren heranwachsenden Kindern, dass sie sich – wie auch die Mütter – durchaus nicht von ihrer eigenen Erziehung verabschiedet hatten, sondern, vermutlich aus einer gewissen Unsicherheit heraus und mangels Alternativen, intensiv und unbelehrbar weiter an dem orientierten, was ihnen vertraut war. In Filmen wie *Die Halbstarken* (1956) waren es ja gerade die Heranwachsenden, die die Brüchigkeit des nach wie vor an Härte und Gehorsam ausgerichteten und dabei zum »Gehabe« verkommenen Erziehungsverhaltens der Väter infrage stellten. Erst die 1960er Jahre brachten dann auf einer breiteren Ebene einen allgemeineren Umbruch. Es würde an dieser Stelle zu weit führen, dieses bewegte Jahrzehnt mit Blick auf jene zweifellos wichtige verbreitete These zu befragen, nach der die ›68er Revolte‹ als Generationenkonflikt oder gar -aufstand zu sehen sei, in dem sich Angehörige der in den 1940er Jahren geborenen Generation gegen ihre (NS-)Väter auflehnten. Lutz Niethammer wörtlich: »'68 war in Westdeutschland die Politisierung eines Generationskonflikts in einer vaterlosen Gesellschaft, vielleicht kann er sich ja erst in einem solchen Vakuum so anhaltend auswirken« (Niethammer 2003, S. 4; vgl. Herbert 1996).

Miriam Gebhardt geht sogar davon aus, dass sich erst in den 1980er Jahren die Einstellung zur Kindererziehung grundlegend gewandelt habe (Gebhardt 2009; vgl. Hetzer 1946).

Wenn ins Alter gekommene Kriegskinder des Zweiten Weltkriegs gegenwärtig Interesse an kindlichen Kriegs- und Nachkriegserfahrungen zu Beginn des 20. Jahrhunderts – vor allem am Beispiel der eigenen, weit zurückreichenden Familiengeschichte – zeigen, hilft ihnen diese Spurensuche möglicherweise dabei, dem Kind, das sie selbst einst gewesen sind, ›eine Stimme zu geben‹. Sie können dem Kind von einst mit Offenheit und innerer Anteilnahme begegnen, indem sie sich mit Empathie, also in einem aktiven Prozess des einfühlenden Verstehens, der Kindheit ihrer Eltern im und nach dem Ersten Weltkrieg zuwenden und feststellen, dass auch diese Generation zu funktionieren, ›tapfer‹ zu sein und sich ›durchzubeißen‹ hatte und ihr sicher oft ›Beschützer ihrer kindlicher Seelen‹ gefehlt hatten (vgl. Schulz 2011). Sie wollen, nicht selten im Gespräch mit ihren Kindern und Enkeln, die ersten Jahrzehnte des 20. Jahrhunderts auf diese Weise – sicher nicht nur, aber auch – »besser verstehen, um sich selbst besser zu verstehen« (Richter 1992, S. 216f.), ohne die Tatsache aus dem Blick zu verlieren, dass sich Geschichte nicht wiederholt und historische Erbschaften nicht unbegrenzt im Sinne des Bibelwortes gültig bleiben, »nach dem die Sünden der Väter sich rächen an Kindern und Kindeskindern« (Wienold 1931, S. 715; vgl. Kapitel 5.1).

Ein eindrucksvolles literarisches Beispiel für eine solche ›Reise in die Vergangenheit‹ stellt der Roman des niederländischen Schriftstellers Gerd Mak (1946 geboren) mit dem Titel *Das Jahrhundert meines Vaters* dar, in dem er ein Jahrhundertporträt des 20. Jahrhunderts als Mehrgenerationengeschichte entwirft, in dem also gewissermaßen in der soeben angedeuteten Weise ein ›Brückenschlag zwischen den Generationen‹ versucht wird. Darin heißt es:

> »Das Jahrhundert meines Vaters begann […] mit Schweiß, Eisen und Erde. Aber dahinter leuchtete ein strahlender Optimismus, ein Glaube an Fortschritt, Technik und den kommenden neuen Menschen. […] Heute, nach hundert Jahren des Blutvergießens und der Ideale, wissen wir mehr. Es wird Zeit, […] Brücken durch die Zeit zu schlagen, um unseren Platz neben den

früheren Generationen einzunehmen. Der bessere Mensch – wir sind es nicht geworden. Unsere Großeltern und Urgroßeltern waren anders, aber nicht schlechter oder uns unterlegen. Diese Einsicht macht Geschichte komplizierter. Sie macht die Frage: ›Was hätten wir an ihrer Stelle getan, mit ihrem Hintergrund und ihrem Wissen?‹ noch beklemmender. Aber zugleich bringt sie uns die Menschen, die früher gelebt haben, näher, erlöst uns aus unserer geschichtlichen Einsamkeit« (Mak 2005, S. 545f.).

Zitierte Quellen und Literatur

Adler, A. (1912): Über den nervösen Charakter. Grundzüge einer vergleichenden Individualpsychologie und Psychotherapie. Wiesbaden (Bergmann).

Adorno, T.W.; Frenkel-Brunswik, E.; Levinson, D.J.R. & Sanford, N. (1950): The Authoritarian Personality. New York (Science Edition).

Altmann-Gottheimer, E. (Hg., 1915): Kriegsjahrbuch des Bundes Deutscher Frauenvereine 1915. Leipzig, Berlin (Teubner).

Amelunxen, R. (1915): Die Liebestat der Kriegswaisenadoption. Ein Ruf an Kinderfreunde, Jugendschutzvereine und Waisenämter. Köln (J. & W. Boisserée).

Amlung, U.; Hoffmann, N. & Reimers, B.I. (Hg., 2008): Adolf Reichwein und Fritz Klatt. Ein Studien- und Quellenband zur Erwachsenenbildung und Reformpädagogik in der Weimarer Republik. Weinheim, München (Juventa).

Anders, G. (1950): Bild meines Vaters. In: William Stern: Allgemeine Psychologie auf personalistischer Grundlage, 2. Aufl., Haag (Nijhoff), S. 23–33.

Andritzky, M. & Friedrich, K.J. (Hg., 1989): Klappholttal/Sylt 1919–1989. Geschichte und Geschichten. Kontinuität im Wandel. Gießen (Anabas).

Anonym (1915): XXVII. Allgemeine deutsche Tagung über soziale Fürsorge für Kriegerwitwen und Kriegerwaisen am 16. und 17. April 1915. In: Concordia. Zeitschrift der Zentralstelle für Volkswohlfahrt 23, 130–135.

Anonym (1917a): Der Gesundheitszustand des deutschen Nachwuchses im Beginne des Jahres 1917. In: Concordia. Zeitschrift der Zentralstelle für Volkswohlfahrt 24, 7, 98f.

Anonym (1917b): Richtlinien. In: Concordia. Zeitschrift der Zentralstelle für Volkswohlfahrt 24, 42.

Anonym (1931): Arbeitslose Jugend. In: Die Weltbühne 27, 38, S. 458.

Anonym (1950): Menschen untereinander. Bericht über Fragen der psychischen Gesundheit und der menschlichen Beziehungen in Deutschland, Nassau Tavern, Princeton, N.J. 26.–30. Juni 1950. New York (ohne Verlagsangabe).

Arnheim, R. (1931a): Die Gefühle der Jugend. In: Die Weltbühne 27, 4, 136–141.

Arnheim, R. (1931b): Die Gefühle der Jugend. In: Die Weltbühne 27, 5, 172–174.

Audoin-Rouzeau, S. (1993): Die mobilisierten Kinder. In: Hirschfeld, G., Krumeich, G. & Renz, I. (Hg.): Keiner fühlt sich mehr als Mensch. Essen (Klartext), S. 151–174.

Audoin-Rouzeau, S. (2003): Kinder und Jugendliche. In: Hirschfeld, G.; Krumeich, G. & Renz, I. (Hg.): Enzyklopädie Erster Weltkrieg. Paderborn (Schöningh), S. 134–141.

Baader, M.S.; Jacobi, J. & Andresen, S. (Hg., 2000): Ellen Keys reformpädagogische Vision. »Das Jahrhundert des Kindes« und seine Wirkung. Weinheim, Basel (Beltz).

Baginsky, A. (1915): Die wichtigsten Verdauungsstörungen des älteren Kindes und ihre Behandlung. In: Zentralkomitee für das ärztliche Fortbildungswesen in Preußen (Hg.): Krankheiten des Säuglings- und Kindesalters. Dreizehn Vorträge, Jena (Fischer), S. 224–243.

Barrault, J.-L. (1973): Erinnerungen für morgen. Frankfurt/M. (Fischer) (französisch 1972).

Barth, D. (2010): Kinderheim Baumgarten. Siegfried Bernfelds »Versuch mit neuer Erziehung« aus psychoanalytischer und soziologischer Sicht. Gießen (Psychosozial).

Bauer, F. (1931): Kinder 1917. In: Jungbanner, Beilage zum Reichsbanner Nr. 10 vom 7. März, o.S.

Bauer, G. (1931): Jugend klagt an. In: Jungbanner, Beilage zum Reichsbanner Nr. 10 vom 7. März 1931, o.S.

Bauer, W. (1975): Die Stimme aus dem Leunawerk. Verse und Prosa. Berlin (Malik).

Baum, M.; Beerensson, A. & Lüdy, E. (1926): 10 Jahre Soziale Berufsarbeit (F.A. Herbig).

Bäumer, G. (1930): Heimatchronik während des Krieges. Berlin (Herbig).

Bäumer, G. & Droescher, L. (1908): Von der Kindesseele. Beiträge zur Kinderpsychologie aus Dichtung und Biographie. Leipzig (Voigtländer).

Beard, G.M. & Rockwell, A.D. (1880): A Practical Treatise on Nervous Exhaustion (Neurasthenia), Its Symptoms, Nature, Sequences, Treatment. New York (Treat). Deutsche Übersetzung (1881): Die Nervenschwäche (Neurasthenia), ihre Symptome, Natur, Folgezustände und Behandlung. Leipzig (Vogel).

Beck, D. (1983): Julius Leber. Sozialdemokrat zwischen Reform und Widerstand. Berlin (Siedler).

Becker, H.K. (Hg., 2010): Vergessene Frauen. Humanitäre Kinderhilfe und offizielle Flüchtlingspolitik 1917–1948. Basel (Schwalbe).

Beddies, T. (2010): »Du hast die Pflicht, gesund zu sein!«. Der Gesundheitsdienst der Hitler-Jugend 1933–1945. Berlin (be.bra Wissenschafts-Verlag).

Behm, H. (1917): Geburtenrückgang und Volkssittlichkeit. In: Zeitschrift für Bevölkerungspolitik und Säuglingsfürsorge 10, 3, 65–85.

Behnisch-Kappstein, A. (1916): Der Beruf der Kriegswitwe. Wegweiser in ein neues Leben. Bielefeld, Leipzig (Velhagen & Klasing).

Bendix, B. (1910): Lehrbuch der Kinderheilkunde. Für Ärzte und Studierende, Wien (Urban & Schwarzenberg) (7. durchgesehene und verbesserte Aufl. Berlin 1916).

Bendix, B. (1916): Über die ›Kriegsneugeborenen‹. In: Zeitschrift für Säuglingsschutz 8, 6, 335–343.

Berger, E. (2007): Exkurs: Zur historischen Entwicklung der Jugendfürsorge. In: Berger, E. (Hg.): Verfolgte Kindheit. Kinder und Jugendliche als Opfer der NS-Sozialverwaltung, Wien, Köln, Weimar (Böhlau), S. 41–46.

Bernfeld, S. (1916/1917): Die Kriegswaisen. In: Der Jude 1, 269–271.

Bernfeld, S. (1921): Kinderheim Baumgarten. Bericht über einen ernsthaften Versuch mit neuer Erziehung. Berlin (Jüdischer Verlag). Wieder in: Siegfried Bernfeld, Werke (hg. von U. Herrmann, 2012) Bd. 4: Sozialpädagogik. Gießen (Psychosozial-Verlag), S. 9–156.

Berndt, C. (2010): Was Menschen stark macht. Das Geheimnis einer robusten Seele, Süddeutsche Zeitung vom 31.10.2010.
Beumelburg, W. & Reetz, W. (1934): Eine ganze Welt gegen uns. Eine Geschichte des Weltkriegs in Bildern. Berlin (Ullstein).
Biesalski, K. (1909): Umgang und Art des jugendlichen Krüppeltums und der Krüppelfürsorge in Deutschland nach der durch die Bundesregierung erhobenen amtlichen Zählung. Hamburg, Leipzig (Voss).
Biesalski, K. (1915): Kriegskrüppelfürsorge. Ein Klärungswort zum Troste und zur Mahnung. Leipzig (Voss).
Birnbaum, K. (1915): Kriegsneurosen und -psychosen aufgrund der gegenwärtigen Kriegsbeobachtungen. Berlin (Julius Springer)
Bley, W.; Bochow, M.; Busch, F.O. & Zoeberlein, H. (1934): Das Jugendbuch vom Weltkrieg. Stuttgart, Berlin, Leipzig (Union Deutsche Verlags-Gesellschaft).
Bohm-Schuch, C. (1916): Die Kinder im Weltkriege, Berlin (IK-Verlag Albert Baumeister).
Bonhoeffer, K. (1928): Geistes- und Nervenkrankheiten. In: Bumm, F. (Hg.): Deutschlands Gesundheitsverhältnisse unter dem Einfluss des Weltkrieges, 1. Halbband. Stuttgart (Deutsche Verlagsanstalt).
Brandt, S. (2002): Trauer und fortgesetzter Krieg. Totengedenken zwischen Trauer und Kriegsverherrlichung in Düsseldorf nach dem Ersten Weltkrieg. In: Dülffer, J. & Krumeich, G. (Hg., 2002): Der verlorene Frieden. Politik und Kriegskultur nach 1918. Essen (Klartext), S. 243–260.
Brauerhoch, A. (1999): Trauer in Trümmern. Zum Motiv des traurigen kleinen Jungen in zwei Nachkriegsfilmen. In: Ecker, G. (Hg.): Trauer tragen – Trauer zeigen. Inszenierungen der Geschlechter. München (Fink), S. 209–222.
Behm, H. (1917): Geburtenrückgang und Volkssittlichkeit. In: Zeitschrift für Bevölkerungspolitik und Säuglingsfürsorge 10, 3, 65–85.
Brües, O. (1934): Fahrt zu den Vätern, Berlin (Grote).
Bühler, C. (Hg., 1932): Jugendtagebuch und Lebenslauf. Jena (Gustav Fischer).
Camus, A. (1995): Der erste Mensch. Hamburg (Rowohlt).
Castell Rüdenhausen, A. von (1990): Lebensverlängerung und soziale Hygiene. In: Nitschke, A.; Ritter, G.A.; Peukert, D.J.K. & vom Bruch, R. (1990): Jahrhundertwende. Der Aufbruch in die Moderne 1880–1930, Bd. 1. Reinbek (Rowohlt), S. 147–175.
Castell, R.; Nedoschill, J.; Rupps, M. & Bussiek, D. (Hg., 2003): Geschichte der Kinder- und Jugendpsychiatrie in Deutschland in den Jahren 1937 bis 1961. Göttingen (Vandenhoeck & Ruprecht).
Chamberlain, S. (1997): Hitler, die deutsche Mutter und ihr erstes Kind. Über zwei NS-Erziehungsbücher. Gießen (Psychosozial).
Chickering, R. (2009): Freiburg im Ersten Weltkrieg. Totaler Krieg und städtischer Alltag 1914–1918. Paderborn (Schöningh).
Christadler, M.L. (1978): Kriegserziehung im Jugendbuch. Literarische Mobilmachung in Deutschland und Frankreich vor 1914, Frankfurt/M. (Haag+Herchen).
Clauß, K. (1931): Mutter und Sohn. Vom Werdegang vaterloser Halbwaisen. Langensalza (Beyer).
Corti, W.R. & Schmidlin, G. (Hg., 2002): Ein Dorf für die leidenden Kinder. Das Kinderdorf Pestalozzi in den Jahren 1949 bis 1972 mit Arthur Bill als Dorfleiter. Bern (Haupt).
Czerny, A. (1908): Der Arzt als Erzieher des Kindes. Leipzig (Deutzig).

Czerny, A. (1915): Die Bedeutung der Konstitution für die Klinik der kindlichen Infektionskrankheiten. In: Zentralkomitee für das ärztliche Fortbildungswesen in Preußen (Hg.): Krankheiten des Säuglings- und Kindesalters. Dreizehn Vorträge. Jena (Fischer), S. 1–13.

Daniel, U. (1989): Arbeiterfrauen in der Kriegsgesellschaft. Beruf, Familie und Politik im Ersten Weltkrieg. Göttingen (Vandenhoeck & Ruprecht).

Das Münchner Kind nach dem Kriege (1921). München (Verlag des Hilfsbundes der Münchner Einwohnerschaft).

Demm, E. (1996): German Teachers at War, in: Cecil, H. (Hg.): Facing Armageddon: The First World War Experienced. London (Leo Cooper), S. 709–718.

Demm, E. (2001): Deutschlands Kinder im Ersten Weltkrieg. Zwischen Propaganda und Sozialfürsorge. In: Militärgeschichtliche Zeitschrift 60, 51–98.

Deutsches Historisches Museum (1995–1996): Stille Helfer. 350 Jahre Quäker. In: Deutsches Historisches Museum 6, Nr. 15.

Die jungen Mädchen von heute (1930), Süddeutsche Monatshefte 29, 4. München (Verlag Süddeutsche Monatshefte).

Donson, A. (2006): Why Did German Youth Become Fascists? Nationalist Males Born 1900 to 1908 in War and Revolution. In: Social History 31, 337–358.

Donson, A. (2010): Youth in the Fatherless Land. War Pedagogy, Nationalism, and Authority in Germany, 1914–1918. Harvard (Harvard University Press).

Dröscher, L. (1917): Die Erziehungsaufgaben der Volkskindergärten im Kriege. Leipzig, Berlin (Teubner).

Dülffer, J. & Holl, K. (1986): Bereit zum Krieg. Kriegsmentalität im wilhelminischen Deutschland 1890–1914. Göttingen (Vandenhoeck & Ruprecht).

Dülffer, J. & Krumeich, G. (Hg., 2002): Der verlorene Frieden. Politik und Kriegskultur nach 1918. Essen (Klartext).

Ehrhardt, J. (1930): Die Not der arbeitslosen Jugend. In: Der Zwiespruch. Unabhängige Zeitung der Jugendbewegung, 229f.

Elias, N. (1992): Studien über die Deutschen. Machtkämpfe und Habitusentwicklung im 19. und 20. Jahrhundert. Frankfurt/M. (Suhrkamp).

Elterlein, U. von (1930): Absage an den Jahrgang 1902? In: Die Tat 22, 3, 202–206.

Emmerich, W. (Hg., 1975): Proletarische Lebensläufe. Autobiographische Dokumente zur Entstehung der Zweiten Kultur in Deutschland, Bd. 2: 1914 bis 1945, Reinbek (Rowohlt).

Eyfert, H. (1952): Das Jugendamt nach 30 Jahren. In: Rundbrief Gilde Soziale Arbeit 6, 3, 1–8.

Faron, O. (2001): Les enfants du deuil. Orphelins et pupilles de la nation de la première guerre mondiale (1914–1941). Paris (Éditions La Découverte Syros).

Ferrière, A. (1949): Unsere Kinder die Hauptkriegsopfer. Eine seelen- und seelenheilkundliche und erzieherische Studie. Paderborn (Schöningh).

Flitner, W. (1927): Der Krieg und die Jugend. In: Baumgarten, O.; Foerster, E.; Rademacher, A. & Flitner, W. (Hg.): Geistige und sittliche Wirkungen des Krieges in Deutschland. Stuttgart (Deutsche Verlagsanstalt), S. 217–356. Wieder in: Wilhelm Flitner (1987): Die Pädagogische Bewegung. Beiträge – Berichte – Rückblicke, (=Wilhelm Flitner, Gesammelte Schriften, hg. von K. Erlinghagen; A. Flitner & U. Herrmann, Bd. 4.). Paderborn (Schöningh), S. 56–169.

Foerster, F.W. (1915): Autorität und Selbstregierung in der Leitung der Jugendlichen. Ein Beitrag zur Anpassung der Leitungskunst an die modernen Lebensbedingungen. In:

Zeitschrift für Kinderforschung unter besonderer Berücksichtigung der pädagogischen Pathologie 20, 385–405.

Freimüller, T. (2008): »Selbstvergewisserung in therapeutischer Absicht« – Alexander Mitscherlich und die »vaterlose Gesellschaft« der Bundesrepublik. In: Tel Aviver Jahrbuch für deutsche Geschichte 36, 2008, 182–196.

Friedländer, W.A. (1932): Die Folgen des Krieges für die Kinder. In: Arbeiterwohlfahrt 7, 15, 470–472.

Führ, C. (1972): Zur Schulpolitik der Weimarer Republik. Die Zusammenarbeit von Reich und Ländern im Reichsschulausschuss (1919–1923) und im Ausschuss für das Unterrichtswesen (1924–1933). Darstellung und Quellen. Weinheim (Beltz).

Gebhardt, M. (2009): Die Angst vor dem kindlichen Tyrannen. Eine Geschichte der Erziehung im 20. Jahrhundert. München (Deutsche Verlagsanstalt).

Geiger, T. (1967): Die soziale Schichtung des deutschen Volkes. Soziographischer Versuch auf statistischer Grundlage. Darmstadt (Wissenschaftliche Buchgesellschaft), unveränderter Nachdruck der Ausgabe von 1932.

Gen. Kommissariat des A.K.H.A. (1921): Die amerikanische Kinderhilfsaktion in Wien. Wien (ohne Verlagsangabe).

Gestrich, A. (1991): Jugend und Krieg. Kriegsverarbeitung bei Jugendlichen in und nach dem Ersten Weltkrieg. In: Kintzinger, M.; Stürner, W. & Zahlten, J. (Hg.): Das andere Wahrnehmen. Beiträge zur europäischen Geschichte. Köln, Weimar, Wien (Böhlau), S. 633–652.

Gillerman, S. (2009): Germans into Jews: Remaking the Jewish Body in the Weimar Republic. Stanford (Stanford University Press).

Glaeser, E. (1928): Jahrgang 1902. Berlin (Kiepenheuer).

Glaeser, E. (1930): Frieden. Berlin (Kiepenheuer).

Glaser, G. (1932): Schluckebier. Berlin, Wien (Agis).

Gräser, M. (1995): Der blockierte Wohlfahrtsstaat. Unterschichtsjugend und Jugendfürsorge in der Weimarer Republik. Göttingen (Vandenhoeck & Ruprecht).

Greffrath, M. (2002): Lob der Sturheit. Eine Erinnerung an Günther Anders – den Philosophen und Pamphletisten, den Analytiker und Kämpfer, der am 12. Juli 100 Jahre geworden wäre. URL: http://www.zeit.de/2002/28/200228_a-anders.xml (Stand: 13.9.2013).

Grönner, H. (1931): Kriegserinnerungen eines Arbeiterkindes. In: Jungbanner, Beilage zum Reichsbanner Nr. 11 vom 14. März 1931; Beilage zum Reichsbanner Nr. 12 vom 21. März 1931; Beilage zum Reichsbanner Nr. 13 vom 28. März 1931.

Grotjahn, A. (1932): Erlebtes und Erstrebtes. Erinnerungen eines sozialistischen Arztes. Berlin (Herbig).

Gruber, M. von (1922/1923): Familienbünde der Tüchtigen. In: Süddeutsche Monatshefte 22, Mai-Heft, 67f.

Hadeln, C. von (Hg., 1935): Deutsche Frauen, deutsche Treue 1914–1933. Ein Ehrenbuch der deutschen Frau. Berlin (Traditions-Verlag Kolk & Co).

Haffner, S. (2002): Geschichte eines Deutschen. Die Erinnerungen 1914–1933. Taschenbuchausgabe München (Deutscher Taschenbuch Verlag).

Hagener, E. (1986): »Es lief sich so sicher an Deinem Arm.« Briefe einer Soldatenfrau 1914. Weinheim (Beltz).

Harvey, E. (1997): »Sag' mir, wo die Mädchen sind ...« Eine Tagung zur Mädchengeschichte und Geschlechtergeschichte der Jugend (September 1996). In: Werkstatt Geschichte 16, 89–92.

Haß, E. (2002): Mein Weihnachtswunsch: Ein Vater. In: Kleindienst, J. (Hg.): Zwischen Kaiser und Hitler. Kindheit in Deutschland 1914–1933. 47 Geschichten und Berichte von Zeitzeugen. Berlin (JKL-Publikationen), S. 33–35.

Haunfelder, B. (2007): Kinderzüge in die Schweiz. Die Deutschlandhilfe des Schweizerischen Roten Kreuzes 1946–1956. Münster (Aschendorff).

Hedin, S. (1915): Ein Volk in Waffen, Leipzig (Brockhaus).

Helming, A. & Fredeweß-Wenstrup, S. (2005): »Mutters Kriegstagebuch«. Die Aufzeichnungen der Antonia Helming 1914–1922. Münster (Waxmann).

Henriques, C. (1922): Die Kinderspeisung in Deutschland. In: Klinische Wochenschrift 1, 29, 1466–1468.

Henriques, C. (Hg., 1926a): Kinderspeisung. Im Auftrage des Deutschen Zentralausschusses für die Auslandshilfe e.V., Weimar (Böhlau).

Henriques, C. (Hg., 1926b): Kinderspeisung. In: Arbeiterwohlfahrt 1, 6, 179f.

Herbert, U. (1996): Best. Biographische Studien über Radikalismus, Weltanschauung und Vernunft 1903–1989. Bonn (J.H.W. Dietz Nachf.).

Herrmann, F.H. (1932): Die Aussperrung der jungen Generation. In: Die Hilfe, 38, 1932, 160ff.

Herrmann, G. (1949): Bericht über die Tagung auf dem Ludwigstein vom 25. bis zum 29. Mai 1949. In: Rundbrief der Gilde Soziale Arbeit 3, 4/5, 1–9.

Hessisches Institut für Lehrerfortbildung (Hg., 1994): Die Wegscheide bei Bad Orb. Ein Spiegel deutscher Geschichte seit 1900. Fuldatal (HILF).

Hetzer, H. (1946): Seelische Hygiene – lebenstüchtige Kinder. Richtlinien für die Erziehung im Kleinkindalter. Lindau (Verlag »Kleine Kinder«) (10. Aufl. 1960).

Hoffa, Th. (1917): Kleinkinderfürsorge in Barmen. In: Zeitschrift für Säuglings- und Kleinkinderschutz 9, 17–26.

Hoffa, Th. (1920): Ueber die Entwicklung der Kinderfürsorge in Barmen während des Krieges nebst Bemerkungen zur Frage der »Kriegskinder«. In: Zeitschrift für Säuglings- und Kleinkinderschutz 12, 60–69.

Horkheimer, M.; Fromm, E. & Marcuse, H. (1936): Studien über Autorität und Familie. Paris (Alcan).

Internetportal Jüdische Ärzte aus Deutschland und ihr Anteil am Aufbau des israelischen Gesundheitswesens (o.J.): Siegfried Lehmann. URL: http://aerzte.erez-israel.de/lehmann-siegfried/ (Stand: 18.11.2013).

Janz, O. (2009): Das symbolische Kapital der Trauer. Nation, Religion und Familie im italienischen Gefallenenkult des Ersten Weltkriegs. Tübingen (Max Niemeyer).

Joppich, G. (1939a): Konstitution und Konstitutionenanomalien. Erbpflege und Erbkrankheiten im Kindes- und Jugendalter. In: Hördemann, R. (Hg.): Die Gesundheitsführung der Jugend. München (Lehmanns), S. 39–59.

Joppich, G. (1939b): Die Ernährung im Kindes- und Jugendalter. In: Hördemann, R. (Hg.): Die Gesundheitsführung der Jugend. München (Lehmanns), S. 60–87.

Joppich, G. (1957): Das Kind im Jahrhundert des Kindes. Rede zur Feierlichen Immatrikulation am 24. November 1956. Göttingen (Vandenhoeck & Ruprecht).

Joppich, G. & Kitzing, E. (1939): Das Sommerzeltlager. In: Hördemann, R. (Hg.): Die Gesundheitsführung der Jugend. München (Lehmanns), S. 332–388.

Jureit, U. & Wildt, M. (2005): Generationen. Zur Relevanz eines wissenschaftlichen Begriffs. Hamburg (HIS).

Jürgens-Kirchhoff, A. (2002): Kunst gegen den Krieg im Antikriegsjahr 1924. In: Dülffer, J.

& Krumeich, G. (Hg., 2002): Der verlorene Frieden. Politik und Kriegskultur nach 1918. Essen (Klartext), S. 287–310.

Kaiser, A. (2010): Von Helden und Opfern. Eine Geschichte des Volkstrauertages. Frankfurt/M., New York (Campus).

Kaléko, M. (1931): »Chor der Kriegswaisen«. In: Simplicissimus 35, 53, 626.

Kaléko, M. (2007): Das lyrische Stenogrammheft. 2. Aufl. Reinbek (Rowohlt).

Kaufmann, P. (1922/1923): Versailles und deutsche Volksgesundheit. In: Süddeutsche Monatshefte 22, Mai-Heft, 45–47.

Kanitz, O.F. (1920): Die Erziehungsaufgaben des Arbeitervereins »Kinderfreunde«, Referat, erstattet der Zweiten Reichskonferenz des Arbeitervereins »Kinderfreunde« am 13. Dezember 1920. In: von Werner, L. (Hg., 1974): Das proletarische Kind in der bürgerlichen Gesellschaft. Frankfurt/M. (Fischer Taschenbuch Verlag), S. 177–193.

Kautz, H. (1926): Im Schatten der Schlote. Versuche zur Seelenkunde der Industriejugend. Einsiedeln, Waldshut, Köln, Straßburg (Benziger & Co. A.G.).

Kessler, H. Graf (1918): An Deutschlands Jugend, Berliner Tageblatt Nr. 589 vom 17.11., 7.

Kessler, H. Graf (1920): Die Kinderhölle in Berlin. Die Deutsche Nation, Sonderheft November.

Kessler, H. Graf (1988): »Neue Jugend«, in: Harry Graf Kessler. Tagebuch eines Weltmannes. Eine Ausstellung des Deutschen Literaturarchivs im Schiller-Nationalmuseum Marbach am Neckar. Marbach (Marbacher Kataloge), S. 373f.

Kesten, H. (1927): Josef sucht die Freiheit. Berlin (Kiepenheuer).

Kestien, K. (1935): Als die Männer im Graben lagen. Frankfurt/M. (Societäts-Verlag).

Ketelsen, U.-K. (1985): »Die Jugend von Langemarck«. Ein poetisch-politisches Motiv der Zwischenkriegszeit. In: Koebner, T.; Janz, H.-P. & Trommler, F. (Hg.): »Mit uns zieht die neue Zeit.« Der Mythos Jugend. Frankfurt/M. (Suhrkamp), S. 68–96.

Kettner, A.H. (1915): Das erste Kriegsjahr und die großstädtischen Volksschulkinder. In: Deutsche Medizinische Wochenschrift 41, 1428–1430.

Kettner, A.H. (1916a): Die offene Säuglingsfürsorge in Krieg und Frieden. In: Zeitschrift für Säuglingsschutz 8, 1, 67–92.

Kettner, A.H. (1916b): Zur Frage der »Kriegsneugeborenen«. In: Zeitschrift für Säuglingsschutz 8, 6, 329–331.

Key, E. (1918): Der Mütter Bittgang. In: Die Tat, 10, 9, 647–652.

Key, E. (1902): Das Jahrhundert des Kindes. Unveränderter Nachdruck 2000. Weinheim, München (Beltz).

Koebner, T.; Janz, H.-P. & Trommler, F. (Hg., 1985): »Mit uns zieht die neue Zeit.« Der Mythos Jugend. Frankfurt/M. (Suhrkamp).

Kohlrausch, W. (1939): Die körperliche Leistung. Ihre Steigerung und Grenzen im Kindes- und Jugendalter. In: Hördemann, R. (Hg.): Die Gesundheitsführung der Jugend. München (Lehmanns), S. 88–150.

Kopp-Röhmhildt, G. (1916): Für unser Kriegskind. Verse aus unserer Zeit. Esslingen, München (Schreiber).

Koselleck, R. & Jeismann, M. (Hg., 1994): Der politische Totenkult. Kriegerdenkmäler in der Moderne. München (Wilhelm Fink).

Krell, E. von (1935): Kleine Helden. In: Hadeln, C. von (Hg., 1935): Deutsche Frauen, deutsche Treue 1914–1933. Ein Ehrenbuch der deutschen Frau. Berlin (Traditions Verlag Kolk & Co), S. 322.

Krohne, O. (1922/1923): Der Krieg gegen die deutsche Volksgesundheit. In: Süddeutsche Monatshefte 22, Mai-Heft 79–83.

Krolzig, G. (1930): Der Jugendliche in der Großstadtfamilie. Auf Grund von Niederschriften Berliner Berufsschüler und -schülerinnen. Berlin (F.A. Herbig).

Krumeich, G. (2001): Langemarck. In: François, E. & Schulze, H. (Hg.): Deutsche Erinnerungsorte, Bd. III. München (Beck), S. 292–309.

Kundrus, B. (1995): Kriegerfrauen. Familienpolitik und Geschlechterverhältnisse im Ersten und Zweiten Weltkrieg. Hamburg (Christians).

Kurz, I. (1915): Die deutsche Mutter. In: Altmann-Gottheimer, E. (Hg.): Kriegsjahrbuch des Bundes Deutscher Frauenvereine 1915. Leipzig, Berlin (Teubner), S. 1.

Lamparter, U.; Wiegand-Grefe, S. & Wierling, D. (Hg., 2013): Zeitzeugen des Hamburger Feuersturms 1943 und ihre Familien. Göttingen (Vandenhoeck & Ruprecht).

Landsberg, F.J. (1915): Können wir Kriegswaisen der Armenpflege überlassen? In: Zeitschrift für Kinderforschung unter besonderer Berücksichtigung der pädagogischen Pathologie 20, 145–152.

Langstein, L. (1915): Pathologie und Therapie der Krämpfe im Kindesalter. In: Zentralkomitee für das ärztliche Fortbildungswesen in Preußen (Hg.): Krankheiten des Säuglings- und Kindesalters. Dreizehn Vorträge. Jena (Fischer), 182–198.

Langstein, L. (1916a): Bemerkungen über die »Kriegsneugeborenen«. In: Zeitschrift für Säuglingsschutz 8, 3, 129f.

Langstein, L. (1916b): Entgegnung auf vorstehenden Aufsatz zur Frage der »Kriegsneugeborenen« von Dr. Arthur H. Kettner. In: Zeitschrift für Säuglingsschutz 8, 6, 335f.

Lasson, A. (1882): System der Rechtsphilosophie. Berlin, Leipzig (Verlag von J. Gruttenta).

Latka, M. (1932): Der Geschlechterwandel in Tagebüchern. In: Süddeutsche Monatshefte 29, 4, 283–286.

Lengefeld, C. (2005): »Grüß Gott Herr Larsson!« Ein schwedischer Künstler erobert München. In: Hohenzollern, J.G. Prinz von (Hg.): Carl Larsson. Ein schwedisches Märchen. München (Hirmer), 103–118.

Lennert, T. (1992): Die »Gleichschaltung« der Berliner Kinderheilkunde 1933. In: Schriftenreihe zur Geschichte der Kinderheilkunde aus dem Archiv des Kaiserin Auguste Victoria Hauses (KAHV) Berlin, Bd. 10. Herford (Humana Milchwerke Westfalen), S. 5–30.

Lennhoff, F.G. (1983): Die Zugscharen. Eine Jugendhilfe-Organisation 1919–1937. München, Basel (Ernst Reinhardt).

Lieker-Wentzlau, H. (Hg., 1933): Elsa Brändström-Dank. Ein deutsches Frauenbuch. Leipzig (Max Koch).

Lindemann, A. (1915): Die Zukunft der Kriegswitwe. Berlin (Collignon).

Lippert, E. & Keppel, C. (1950): Deutsche Kinder in den Jahren 1947–1950. Beitrag zur biologischen und epochalpsychologischen Lebensalterforschung. In: Schweizerische Zeitschrift für Psychologie 9, 1950, 212–322.

Loewenberg, P. (2005): Klinische und historische Perspektiven intergenerationaler Vermittlung von Trauma. In: psychosozial 28, 4, 9–17.

Lüdy, E. (1932): Erwerbstätige Mütter in vaterlosen Familien. Eberswalde bei Berlin (R. Müller).

Lüdy, E. (1952): Familienhilfe. In: Die Welt der Frau 1, 1952, 7.

Lüdy, E. (1953): Zum Problem der Kinder berufstätiger Mütter. In: Unsere Jugend 5, 3, 151.

Lüdy, E. (1954): Wem hilft das Kindergeldgesetz in seiner heutigen Fassung? Wem hilft es nicht? In: Neues Beginnen 1954, 12, 197f.

Lüdy, E. (1956): Mütterschicksale sind Kinderschicksale. In: Unsere Jugend 8, 1, 2–10.

Maaz, H.-J. (2003): Der Lilith-Komplex. Die dunklen Seiten der Mütterlichkeit. München (Beck).

Magnus, E. (1931): Kriegerwitwen gestalten ihr Schicksal. Lebenskämpfe deutscher Kriegswitwen nach eigenen Darstellungen. Berlin (Heymann).

Maier, H. (Hg., 1998): Who is who der Sozialen Arbeit, Freiburg i.Br. (Lambertus).

Mak, G. (2005): Das Jahrhundert meines Vaters. Taschenbuchausgabe, München (btb).

Mann, A. (1916): Aufsätze von Kindern und Jugendlichen über Kriegsthemata. In: Stern, W. (Hg.): Jugendliches Seelenleben und Krieg. Materialien und Berichte. Unter Mitwirkung der Breslauer Ortsgruppe des Bundes für Schulreform. Leipzig (J.A. Barth), S. 57–133.

Mann, H. (1932): Die geistige Lage. In: Mann, H.: Das öffentliche Leben. Berlin, Wien, Leipzig (Zsolnay), S. 51–86.

Marschalck, P. (1984): Bevölkerungsgeschichte Deutschlands im 19. und 20. Jahrhundert. Frankfurt/M. (Suhrkamp).

Matron, K. (2012): Kommunale Jugendfürsorge in Frankfurt am Main in der Weimarer Republik. Frankfurt/M. (Henrich Editionen).

Matthias, A. (1899): Wie erziehen wir unsern Sohn Benjamin? Ein Buch für deutsche Väter und Mütter. 3. Aufl. München (C.H. Beck'sche Verlagsbuchhandlung).

Matthias, A. (1922): Das höhere Knabenschulwesen. Praktische Pädagogik für höhere Lehranstalten. München (C.H. Beck'sche Verlagsbuchhandlung).

Matzke, F. (1930): Jugend bekennt: So sind wir! Leipzig. Vierte bis sechste veränderte Auflage (Reclam).

Meinecke, F. (1958): Republik, Bürgertum und Jugend, Vortrag aus dem Jahre 1925. In: Kotowski, G. (Hg.): Friedrich Meinecke. Politische Schriften und Reden. Darmstadt (Toeche-Mittler), S. 369–383.

Merkel, U. (1998): Der Wettbewerb um ein Denkmal für die Fliegeropfer des Ersten Weltkrieges. In: Blick in die Geschichte. Karlsruher stadthistorische Beiträge, Bd. 2, 1993–98. Karlsruhe (Info).

Mitscherlich, A. (1955): Der unsichtbare Vater. Ein Problem für Psychoanalyse und Soziologie. In: Kölner Zeitschrift für Soziologie und Sozialpsychologie 7, 1955, 188–201.

Mitscherlich, A. (1963): Auf dem Weg zur vaterlosen Gesellschaft. Ideen zur Sozialpsychologie. Frankfurt/M. (Piper).

Mogge, W., Reulecke, J. (1988): Hoher Meißner 1913. Der Erste Freideutsche Jugendtag in Dokumenten, Deutungen und Bildern. Köln (Wissenschaft und Politik).

Mollenhauer, K. (1959): Zusammenfassung der Tagung. In: Rundbrief der Gilde Soziale Arbeit 13, 1, 27–30.

Mommsen, H. (1985): Generationskonflikt und Jugendrevolte. In: Koebner, T.; Janz, H.-P. & Trommler, F. (Hg. 1985): »Mit uns zieht die neue Zeit.« Der Mythos Jugend. Frankfurt/M. (Suhrkamp), S. 50–67.

Moses, G. (1920): Zum Problem der sozialen Familienverwahrlosung unter besonderer Berücksichtigung der Verhältnisse im Krieg. Langensalza (Beyer).

Mosse, G.L. (1993): Gefallen für das Vaterland. Nationales Heldentum und namenloses Sterben, Stuttgart (Klett-Cotta).

Muchow, H. (1957): Jugendliche stören die Ordnung. München (Juventa).

Müller, P. (1984): Kindheit und Jugend im alten Frankfurt. Frankfurt/M. (Waldemar Kramer).

Nanke, B. (1920): Kriegs-Kinder. Inaugural-Dissertation zur Erlangung der Doktorwürde in der Medizin, Chirurgie und Geburtshilfe der hohen medizinischen Fakultät der Universität zu Greifswald. Gleiwitz (Neumann).

Nau, K. (1930): Die wirtschaftliche und soziale Lage der Kriegshinterbliebenen. Eine Studie auf Grund von Erhebungen auf die Auswirkung der Versorgung von Kriegshinterbliebenen in Darmstadt. Leipzig (Kommissionsverlag von Lühe & Co).

Niethammer, L. (2003): Sind Generationen identisch? In: Reulecke, J. (Hg.): Generationalität und Lebensgeschichte im 20. Jahrhundert. München (Oldenbourg), S. 2–16.

Nietzsche, F. (1883/1885): Also sprach Zarathustra. Ein Buch für Alle und Keinen. In: Nietzsche, F.: Werke, Sechste Abt. Bd. 1, Berlin 1968 (de Gruyter).

Olmi, V. (2003): Nummer sechs. Roman. München (Kunstmann).

Padberg, M. (1989): Das Leben der Elsa Brändström, Ein Hilfswerk in 3 Erdteilen. Freiburg i. Br. (Herder).

Pappritz, A. (1915): Burgfrieden. In: Die Frauenbewegung 17, 1f.

Peukert, D.J.K. (1987a): Die Weimarer Republik. Krisenjahre der Klassischen Moderne. Moderne Deutsche Geschichte, Bd. 9. Frankfurt/M. (Suhrkamp).

Peukert, D.J.K. (1987b): Jugend zwischen Krieg und Krise. Lebenswelten von Arbeiterjungen in der Weimarer Republik. Köln (Bund).

Peukert, D.J.K. (1988): Das Janusgesicht der Moderne. In: Deutsches Institut für Fernstudien (Hg.): Jahrhundertwende 1880–1930. Die Entstehung der modernen Gesellschaft. Weinheim, Basel (Beltz) 1988, S. 60–72.

Pfaundler, M. (1920a): Kriegsschäden an Kindern. In: Süddeutsche Monatshefte 17, April-Heft, 34–39.

Pfaundler, M. (1920b): Nachkriegsschäden an Kindern. In: Süddeutsche Monatshefte 17, April-Heft, 106–108.

Pieper, J. (1976): Noch wusste es niemand. Autobiographische Aufzeichnungen 1904–1945. München (Kösel).

Piesik, K. (1992): Damals bei uns in Westfalen. Kinderalltag in Stadt und Land 1800–1945. Bilder und Berichte aus dem Archiv für Westfälische Volkskunde. Rheda-Wiedenbrück (güth Verlagsgesellschaft).

Pignot, M. (2012): Allons enfants de la patrie. Génération Grande Guerre, Paris (Édition du Seuil).

Plecher, H. (1915): Der große Krieg im Urteil der Jugend. In: Zeitschrift für Kinderforschung unter besonderer Berücksichtigung der pädagogischen Pathologie 20, 289–303.

Polligkeit, W. (1917): Die Kriegsnot der aufsichtslosen Kleinkinder. Leipzig (Teubner).

Presber, R. (1915): Vater ist im Krieg. Hg. von der Kriegskinderspende deutscher Frauen. Berlin (Hilger).

Pross, C. & Winau, E. (1984): Nicht misshandeln. Das Krankenhaus Moabit 1920–1933. Ein Zentrum jüdischer Ärzte in Berlin. 1933–1945. Verfolgung, Widerstand, Zerstörung. Hg. im Auftrag der Berliner Gesellschaft für Geschichte der Medizin. Berlin (Edition Hentrich im Verlag Fröhlich und Kaufmann).

Radkau, J. (1995): Die Männer als schwaches Geschlecht. Die wilhelminische Nervosität, die Politisierung der Therapie und der missglückte Geschlechtertausch. In: Kornbichler, T. & Maaz, W. (Hg.): Variationen der Liebe. Historische Psychologie der Geschlechterbeziehung, Tübingen (Edition diskord), S. 249–293.

Radkau, J. (1998): Das Zeitalter der Nervosität. Deutschland zwischen Bismarck und Hitler, München, Wien (Carl Hanser).

Rauch, K. (1933): Schluss mit »junger Generation«! Leipzig (Lindner).
Reichsministerium des Innern (Hg., 1932): Notprogramme für die Jugendwohlfahrt. Berlin (Heymann).
Reichstagsprotokolle, 1. Wahlperiode, 203. Sitzung, 5. April 1922.
Reichstagsprotokolle, 1. Wahlperiode, 302. Sitzung, 16. Februar 1923.
Reichstagsprotokolle, 1. Wahlperiode, 304. Sitzung, 21. Februar 1923.
Reinhardt-Becker, E. (2005): Lebensbund oder Partnerschaft. Liebessemantiken in der Literatur der Romantik und der Neuen Sachlichkeit. Frankfurt/M., New York (Campus).
Reinthal, A. (Hg., 2007): Harry Graf Kessler. Das Tagebuch. Siebter Band 1919–1923, Stuttgart (Cotta).
Reischl, F. (1919): Wiens Kinder und Amerika: Die amerikanische Kinderhilfsaktion 1919. Für d. amerikanische reife Jugend verfasst. Wien (Gerlach & Wiedling).
Reischl, F. (1921): Die amerikanische Kinderhilfsaktion in Wien (Gen. Kommissariat d. A. K. H. A.).
Reischl, F. (1922/1923): Erfahrungen aus einem Hungerlande. In: Süddeutsche Monatshefte 22, Mai-Heft, 48–51.
Reulecke, J. (2000): Generationen und Biografien im 20. Jahrhundert. In: Strauß, B. & Geyer, M. (Hg.): Psychotherapie in Zeiten der Veränderung. Historische, kulturelle und gesellschaftliche Hintergründe einer Profession. Wiesbaden (Westdeutscher Verlag), S. 26–40.
Reulecke, J. (Hg., 2003): Generationalität und Lebensgeschichte im 20. Jahrhundert. München (Oldenbourg).
Reulecke, J. & Stambolis, B. (2007): Kindheiten und Jugendzeit im Zweiten Weltkrieg: Erfahrungen, Normen der Elterngeneration und ihre Weitergabe. In: Radebold, H.; Bohleber, W. & Zinnecker, J. (Hg.): Transgenerationale Weitergabe kriegsbelasteter Kindheiten, Studien zur Nachhaltigkeit historischer Erfahrungen über vier Generationen. Weinheim, München (Juventa), S. 13–32.
Richter, H.-E. (1992): Vom Umgang mit Angst. Hamburg (Hoffmann und Campe).
Rodnick, D. (1948): Postwar Germans. An anthropologist's account. New Haven (Yale University Press).
Roelcke, V. (1999): Krankheit und Kulturkritik. Psychiatrische Gesellschaftsdeutungen im bürgerlichen Zeitalter (1790–1914). Frankfurt/M., New York (Campus).
Roerkohl, A. (1991): Hungerblockade und Heimatfront. Die kommunale Lebensmittelversorgung in Westfalen während des Ersten Weltkrieges. Stuttgart (Franz Steiner).
Roseman, M. (1995): Generations in Conflict. Youth revolt and generation formation in Germany 1770–1968. Cambridge (Cambridge University Press).
Rothe, R. (1915): Die Kinder und der Krieg. Beitrag zur grundlegenden Gestaltung der Ausdruckskultur. Prag, Wien, Leipzig (Haase).
Rouette, S. (1993): Sozialpolitik als Geschlechterpolitik. Die Regulierung der Frauenarbeit nach dem Ersten Weltkrieg. Frankfurt/M., New York (Campus).
Rühle, O. (1922): Das proletarische Kind. Eine Monographie. Völlig neu bearbeitete und erweiterte Auflage. München (Albert Langen) (erstmals 1911).
Rusinek, B.-A. (2002): Der Kult der Jugend und des Krieges. Militärischer Stil als Phänomen der Jugendkultur in der Weimarer Republik. In: Dülffer, J. & Krumeich, G. (Hg.): Der verlorene Frieden. Politik und Kriegskultur nach 1918. Essen (Klartext), S. 171–196.
Sachße, C. & Tennstedt, F. (1988): Geschichte der Armenfürsorge in Deutschland, Bd. 2. Fürsorge und Wohlfahrtspflege 1871–1929. Stuttgart, Berlin, Köln, Mainz (Kohlhammer).

Salomon, A. (1914/1915): Die Fürsorge für die Hinterbliebenen der gefallenen Krieger. In: Die Frau 22, 385–393.

Schaps, L. (1925): Tätigkeitsbericht Komitee Kinderhölle. Berlin (ohne Verlagsangabe).

Scharpf, P.-G. (1998): Paul Schempp: Rebell für Gottes Wort (1900–1959). Tübingen (TVT Medienverlag).

Scheib, A. (2001): Sei froh, dass Du lebst. Berlin (Rowohlt).

Schempp, P. (1946a): Wer hilft der Jugend? Stuttgart (Franz Mittelbach).

Schempp, P. (1946b): Frei und verantwortlich. Stuttgart (D. Gundert).

Schlossmann, A. (1916): Die Umwertung des Bevölkerungsproblems – ein tragender Gedanke im neuen Deutschland. In: Zeitschrift für Bevölkerungspolitik und Säuglingsfürsorge 9, 1, 1–11.

Schlossmann, A. (1918): Kinderkrankheiten und Krieg. Bericht im Auftrage des Vorstandes der Gesellschaft für Kinderheilkunde, erstattet auf deren Kriegstagung am 22. September 1917 in Leipzig. In: Verhandlungen der 31. (außerordentlichen) Versammlung der Gesellschaft für Kinderheilkunde in Leipzig 1917. Wiesbaden (Verlag von J.F. Bergmann), 1918, S. 1–21.

Schmidt-Linsenhoff, V. (1987): Käthe Kollwitz (1867–1945). »Saatfrüchte sollen nicht zermahlen werden!« In: Rajewsky, C. & Riesenberger, D. (Hg.): Wider den Krieg. Große Pazifisten von Immanuel Kant bis Heinrich Böll. München (Beck), S. 155–166.

Schmuhl, H.-W. & Winkler, U. (2012): »Der das Schreien der jungen Raben nicht überhört«. Der Wittekindshof – eine Einrichtung für Menschen mit geistiger Behinderung, 1887 bis 2012. Bielefeld (Verlag für Regionalgeschichte).

Schnädelbach, A. (2009): Kriegerwitwen. Lebensbewältigung zwischen Arbeit und Familie in Westdeutschland nach 1945. Frankfurt/M., New York (Campus).

Schneider, G. (2013): In Eiserner Zeit. Kriegswahrzeichen im Ersten Weltkrieg. Ein Katalog. Schwalbach/Ts. (Bd edition. Ein Imprint von Wochenschau Verlag Dr. Kurt Debus GmbH).

Schnitzler, H. & Boß, A. (Hg., 1942): Das Feierbuch der deutschen Sippe. Berlin-Lichterfelde (Widukind).

Schnurr, S. (1997): Sozialpädagogen im Nationalsozialismus. Eine Fallstudie zur sozialpädagogischen Bewegung im Übergang zum NS-Staat. Weinheim (Juventa).

Schörken, M. (2007): Der Kampf um Normalität. In: Zinken, M. (Hg., 2007): Der unverstellte Blick. Unsere Mütter (aus)gezeichnet durch die Zeit 1938 bis 1958. Töchter erinnern sich. Opladen & Farmington Hills (Barbara Budrich) S. 23–29.

Schug, A. (1988): Die Bilderwelt im Kinderbuch. Kinder- und Jugendliteratur aus fünf Jahrhunderten. Katalog zur Ausstellung der Kunst- und Museumsbibliothek und des Rheinischen Bildarchivs der Stadt Köln. Köln (Gerven & Bechtold).

Schulz, H.; Radebold, H. & Reulecke, J. (2004): Söhne ohne Väter. Erfahrungen der Kriegsgeneration. Berlin (Links).

Schulz, H. (2004): Beschädigte Kindheiten – beschädigtes Leben. In: Schulz, H.; Radebold, H. & Reulecke, J.: Söhne ohne Väter. Erfahrungen der Kriegsgeneration. Berlin (Links), S. 14–20.

Schulz, H. (2011): Reisen über die Schattenlinie. Vom Leben und Schreiben. Rede in der Johann Wolfgang Goethe Universität, Frankfurt, am 1. Juli 2011, Frankfurt/M. (ohne Verlagsangabe).

Schulze, H. (1994): Staat und Nation in der europäischen Geschichte. München (C.H. Beck).

Scupin, E. und G. (1907): Bubi's erste Kindheit. Leipzig (Grieben).
Scupin, E. und G. (1910): Bubi im vierten bis sechsten Lebensjahre. Ein Tagebuch über die geistige Entwicklung eines Knaben während der ersten sechs Lebensjahre. Teil 2, das 4.–6. Lebensjahr umfassend. Leipzig (Grieben).
Scupin, G. (1931): Lebensbild eines deutschen Schuljungen. Leipzig (Dürr'sche Buchhandlung).
Seidel, I. (1930): Das Wunschkind. Roman. Stuttgart (Deutsche Verlagsanstalt).
Seidler, E. (2000): Über den Anteil jüdischer Kinderärzte an der Entwicklung einer Sozialen Pädiatrie. In: Scholz, A. & Heidel, C.-P. (Hg.): Medizin und Judentum. Bd. 5. Frankfurt/M. (Mabuse), S. 76–84.
Seidler, E. (2007): Jüdische Kinderärzte 1933–1945. Entrechtet – geflohen – ermordet. Erweiterte Neuauflage Basel (S. Karger).
Sellmann, A. (1911): Das Seelenleben unserer Kinder im vorschulpflichtigen Alter. Kinderpsychologische Betrachtungen für Eltern, Lehrer und Kinderfreunde. Langensalza (Hermann Beyer & Söhne).
Sellmann, A. (1917): Die Erziehung unserer Kriegerwaisen. Ein Beitrag zur Kriegs-Fürsorge, Witten (»Eckart« H. Nijhuis).
Shaw, G.B. (1914): Der gesunde Menschenverstand im Krieg (Original: Common Sense About the War Special War Supplement to the New Statesman, November 14, 1914. London (The Statesman Publishing Co., Ltd.)). Wieder in: Shaw, G.B (1931): What I Really Wrote about the War. London (Constable and Company), S. 22–110.
Shaw, G.B. (1919): Vorwort. In: Family Life in Germany under the Blockade. Compiled by Lina Richter. From reports from Doctors, School Nurses, Children's Judges & Teachers. London (National Labour Press), S. 3–12.
Shotwell, J.T. (1928): Vorwort. In: Bumm, F. (Hg.): Deutschlands Gesundheitsverhältnisse unter dem Einfluss des Weltkrieges, 1. Halbband. Stuttgart (Deutsche Verlagsanstalt), S. VII–XIII.
Siebrecht, C. (2013): The Aesthetics of Loss. German Women's Art of the First World War. Oxford (Oxford University Press).
Siegel, E. (1953): Die geistigen und seelischen Voraussetzungen der Arbeit der Sozialtätigen. Vortrag gehalten anlässlich der Jahrestagung der Gilde Soziale Arbeit auf Burg Ludwigstein am 8. Mai 1948. Hamburg (Verlag Gilde Soziale Arbeit).
Siegel, E. (1988): Dafür und dagegen. Ein Leben für die Sozialpädagogik. Stuttgart (Radius-Verlag GmbH).
Siegmund-Schultze, F. (1917): Soziale Arbeitsgemeinschaft Berlin-Ost. In: Die Tat 9, 657–659.
Siegmund-Schultze, F. (1919): Die Wirkungen der englischen Hungerblockade auf die deutschen Kinder, Sonderheft der »Eiche«. Berlin (Gutenberg).
Siemens, D. (2009): Kühle Romantiker. Zum Geschichtsverständnis der »jungen Generation« in der Weimarer Republik. In: Baumeister, M.; Föllmer, M. & Müller, P. (Hg.): Die Kunst der Geschichte: Historiographie, Ästhetik, Erzählung. Göttingen (Vandenhoeck & Ruprecht), S. 189–214.
Stachura, P. (1986): The Social and Welfare Implications of Youth Unemployment in Weimar Germany, 1929–1933. In: Stachura, P. (Hg.): Unemployment and the Great Depression in Weimar Germany. Basingstoke, Hampshire (Macmillan), S. 121–147.
Stachura, P. (1989): The Weimar Republic and the Younger Proletariat. An Economic and Social Analysis. Basingstoke, Hampshire (Macmillan).

Stambolis, B. (2003): Mythos Jugend: Leitbild und Krisensymptom. Ein Aspekt der politischen Kultur im 20. Jahrhundert. Schwalbach/Ts. (Wochenschau).

Stambolis, B. (2005): Vatermord, Vatersehnsucht, Vaterlosigkeit. Historische Diskurse zu Vaterschaft im 20. Jahrhundert. In: Figurationen 2, 9–23.

Stambolis, B. & Reulecke, J. (Hg., 2010): Good-bye memories? Lieder im Generationengedächtnis des 20. Jahrhunderts. Essen (Klartext).

Stambolis, B. (2010): Leben mit und in der Geschichte. Deutsche Historiker Jahrgang 1943. Essen (Klartext).

Stambolis, B. (2011): »Ein deutscher Junge weint nicht«. Erziehungserbschaften im 20. Jahrhundert und ihre Weitergabe. In: Mohrmann, R.-E. (Hg.): Generationenbeziehungen in Familie und Gesellschaft. Münster, New York, München, Berlin (Waxmann), S. 59–78.

Stambolis, B. (2012): Töchter ohne Väter. Frauen der Kriegsgeneration und ihre lebenslange Sehnsucht. Stuttgart (Klett-Cotta).

Stambolis, B. (Hg., 2013a): Vaterlosigkeit in vaterarmen Zeiten. Beiträge zu einem historischen und gesellschaftlichen Schlüsselthema. Weinheim, München (Juventa).

Stambolis, B. (2013b): Karl Rauch. In: Stambolis, B. (Hg.): Jugendbewegt geprägt. Essays zu autobiographischen Texten von Werner Heisenberg, Robert Jungk und vielen anderen. Göttingen (V&R-unipress), S. 533–544.

Stambolis, B. (2014a): Kindheit und Jugend in Westfalen im Ersten Weltkrieg. In: Landschaftsverband Westfalen-Lippe (Hg.): An der »Heimatfront«. Westfalen und Lippe im Ersten Weltkrieg. Bönen (DruckVerlag), S. 74–93.

Stambolis, B. (2014b): Die Gilde Soziale Arbeit – Jugendfürsorge vor dem Hintergrund der Erfahrungen zweier Weltkriege. In: Stambolis, B. (Hg.): Die Jugendbewegung und ihre Wirkungen: Prägungen, Vernetzungen, gesellschaftliche Einflussnahmen. Göttingen (V&R-unipress).

Stein, A.-D. (2009): Die Verwissenschaftlichung des Sozialen. Wilhelm Polligkeit zwischen individueller Fürsorge und Bevölkerungspolitik im Nationalsozialismus. Wiesbaden (Verlag für Sozialwissenschaften).

Stellrecht, H. (1935): Soldatentum und Jugendertüchtigung. Berlin (Junker und Dünnhaupt).

Stephani, P. (1928): Der Gesundheitszustand unter den Schulkindern In: Bumm, F. (Hg.): Deutschlands Gesundheitsverhältnisse unter dem Einfluss des Weltkrieges, 1. Halbband. Stuttgart (Deutsche Verlagsanstalt), S. 115–130.

Stern, W. (1910): Psychologie der Kindheit und des Jugendalters. Psychologische Pädagogik. Kritischer Sammelbericht. In: Zeitschrift für angewandte Psychologie und psychologische Sammelforschung 3, 106–121.

Stern, W. (1915): Jugendliches Seelenleben und Krieg, Leipzig (J. A. Barth).

Stern, W. (Hg., 1916): Jugendliches Seelenleben und Krieg. Materialien und Berichte. Unter Mitwirkung der Breslauer Ortsgruppe des Bundes für Schulreform. Leipzig (J. A. Barth).

Stoffels, M. (2011): Kriegerdenkmale als Kulturobjekte. Trauer- und Nationskonzepte in Monumenten der Weimarer Republik. Köln (Böhlau).

Süchting-Hänger, A. (2000): »Kindermörder«. Die Luftangriffe auf Paris, London und Karlsruhe im Ersten Weltkrieg und ihre vergessenen Opfer. In: Dahlmann, D. (Hg., 2000): Kinder und Jugendliche in Krieg und Revolution. Vom Dreißigjährigen Krieg bis zu den Kindersoldaten Afrikas. Paderborn (Schöningh), S. 73–92.

Suhr, U. (2006): Elsa Brandström (1888–1948). In: Hauff, A.M. von (Hg.): Frauen gestalten Diakonie: Vom 18. bis zum 20. Jahrhundert. Stuttgart (W. Kohlhammer), S. 498f.

Thomsen, W. (1939): Haltungsschulung und Bekämpfung von Haltungsschäden. In: Hördemann, R. (Hg.): Die Gesundheitsführung der Jugend. München (Lehmanns), S. 151–227.

Topp, S. (2013): Geschichte als Argument in der Nachkriegsmedizin. Formen der Vergegenwärtigung der nationalsozialistischen Euthanasie zwischen Politisierung und Historiographie. Göttingen (V&R-unipress).

Traminz, A. (1989): Vom Umgang mit Helden, Kriegs(vor)schriften und Benimmregeln für deutsche Frauen im Ersten Weltkrieg. In: Knoch, P. (Hg.): Kriegsalltag. Die Rekonstruktion des Kriegsalltags als Aufgabe der historischen Forschung und der Friedenserziehung. Stuttgart (Metzler), S. 84–113.

Tucholsky, K. (1920): Aus der Hölle des Berliner Proletariats. In: Freie Welt. Illustrierte Wochenschrift der USPD, 2, 45, 2f. Wieder in: Boldt, B.; Enzmann-Kraiker, G. & Jäger, C. (Hg.): Kurt Tucholsky Gesamtausgabe. Texte und Briefe, Bd. 4: Texte 1920, Reinbek (Rowohlt), S. 520–524.

Uffelmann, J.A.C. (1881): Handbuch der privaten und öffentlichen Hygiene des Kindes. Zum Gebrauche für Studirende, Ärzte, Sanitätsbeamte und Pädagogen. Leipzig (Vogel).

Ulitz, A. (1917): Lieder eines Soldaten an sein Kind. In: Simplicissimus 22, 5, 54.

Wehler, H.-U. (2008a): Deutsche Gesellschaftsgeschichte, Bd. 3. Von der »Doppelrevolution« bis zum Beginn des Ersten Weltkriegs. 1. durchges. Aufl. der broschierten Studienausgabe. München (C.H. Beck).

Wehler, H.-U. (2008b): Deutsche Gesellschaftsgeschichte. Bd. 4. Vom Beginn des Ersten Weltkriegs bis zur Gründung der beiden deutschen Staaten 1914–1949. 1. durchges. Aufl. der broschierten Studienausgabe. München (C.H. Beck).

Weinrich, A. (2013): Der Weltkrieg als Erzieher. Jugend zwischen Weimarer Republik und Nationalsozialismus. Essen (Klartext).

Weipert, M. (2004): Bevölkerung und Nation. Diskurse über »Bevölkerung« als Reaktion auf die Modernisierungskrisen der Jahrhundertwende (1890–1933). In: SOWI 33, 32–43.

Weipert, M. (2006): »Mehrung der Volkskraft«. Die Debatte über Bevölkerung, Modernisierung und Nation 1890–1933. Paderborn (Schöningh).

Weithase, I. (1932): Die Flucht vor dem Gefühl. In: Süddeutsche Monatshefte 29, 4, 286–289.

Whalen, R.W. (1984): Bitter Wounds. German Victims of the Great War 1914–1939, Ithaka, London (Cornell University Press).

Wiebeck, W. (1930): Jahrgang 1910. In: Jungbanner, Beilage zum Reichsbanner Nr. 27 vom 5. Juli 1930, o.S.

Wienold, E. (1931): Kinderelend! In: Arbeiterwohlfahrt, 6, 223, 711–715.

Wietschorke, J. (2013): Arbeiterfreunde. Soziale Mission im dunklen Berlin 1911–1933. Frankfurt/M., New York (Campus).

Winkle, R. (2007): Dank des Vaterlandes. Eine Symbolgeschichte des Eisernen Kreuzes 1914 bis 1936. Essen (Klartext).

Winter, J. (1995): Sites of Memory, Sites of Mourning. The Great War in European Cultural History, Cambridge University Press (Cambridge) (Nachdruck 2007).

Wolffheim, N. (1905): Zur Geschichte der Prügelstrafe in Schule und Haus. Eine pädagogische Studie. Berlin (Ernst Frensdorff).

Abbildungsnachweise

Abb. 1: Elli O., geborene Elli W. (geb. 6. September 1915), und ihr Bruder Alfred (geb. 16. Januar 1914). Foto: Privatbesitz Gerlinde G.-B., Tochter von Elli O.

Abb. 2: Auguste Mayfarth (geb. 1916) auf dem Schoß ihrer Mutter mit vier weiteren Geschwistern. Aufnahme undatiert, entstanden während des Ersten Weltkriegs. Foto: Privatbesitz Heidemarie Molkenthin, Tochter von Auguste Mayfarth.

Abb. 3: Die Mutter von Ute K., K. Pankrath (geb. 1914), als Kleinkind. Foto: Privatbesitz Ute K.

Abb. 4: Das Jahrhundert des Kindes und des Sozialismus. *Der wahre Jacob*, Nr. 551, 2. Januar 1900, Titelseite: »Chor der Alten«.

Abb. 5: »Im Jahrhundert des Kindes« – der moderne Kinderschutzengel (Paul Rieth). Aus: *Jugend*, 1914.

Abb. 6: Kriegsspiel in einem Kinderheim in Salzuflen 1914. Foto: Landesarchiv Detmold OWL_D75_13126_001.

Abb. 7: Namenstagskarte, Kind in Uniform, Empfänger: Aug. Winnemöller, Rheine. Foto: Bildarchiv der Volkskundlichen Kommission für Westfalen – Landschaftsverband Westfalen-Lippe, 1991.01312, Fotograf unbekannt.

Abb. 8: Die Schülerin Gertrud Vosseler (1901–1981), Bildmitte, mit Klassenkameraden beim Laubheu-Sammeln für Pferdefutter im Juli 1918. Foto: Privatbesitz von Waltraut Reiber, der Tochter von Gertrud Vosseler.

Abb. 9: Auszug aus dem Tagebuch, das Gertrud Vosseler von 1917 bis 1922 führte. Privatbesitz Waltraut Reiber.

Abb. 10: Schulkinder beim Wegräumen von Spaltholz, Minden-Lübbecke/Stemwede/Levern, 1916. Foto: Bildarchiv der Volkskundlichen Kommission für Westfalen – Landschaftsverband Westfalen-Lippe –, 1985.00350, Fotograf unbekannt.

Abb. 11: Kriegsmilchküche in Münster/Westfalen am Neutor, 1916. Foto: Stadtarchiv Münster, Fotograf unbekannt.

Abb. 12: Lebensmittelkarte »für Kinder bis zur Vollendung des ersten Lebensjahres« aus dem Jahre 1918 mit dem Stempel des Lippischen Wirtschaftsamtes Lemgo. Landesarchiv Detmold L103_Nr_589.

Abb. 13 und 14: ›Warten auf den Vater‹, Postkartenmotiv aus dem Ersten Weltkrieg. Landesarchiv Detmold OWL_D75_13764_035; OWL_D75_13764_037.

Abb. 15–19: ›Sehnsucht nach dem Vater‹ als Motiv einer Feldpostkartenserie. Postkarten aus Privatbesitz.

Abb. 20: Vater auf Urlaub. Bauernfamilie mit Kindern, Vater in Uniform, Minden-Lübbecke/Petershagen/Frille, 1914–1918. Bildarchiv der Volkskundlichen Kommission für Westfalen – Landschaftsverband Westfalen-Lippe –, 1985.00384, Fotograf unbekannt.

Abb. 21: Brief des zehnjährigen Wolfgang-Ernst Scupin, genannt ›Bubi‹, an seinen Vater. Aus: Scupin 1931, S. 92.

Abb. 22: »Gelt Mutter, der Vater sorgt schon dafür, dass das Gewitter nicht herüber kommt!« (Olaf Gulbransson). Aus: *Simplicissimus*, 21. Jg. 1916, Nr. 16, Titelseite © Olaf Gulbransson/VG Bild-Kunst, Bonn 2014.

Abb. 23: »Herrgott, heut wär'n Wetter zum Friedenmach'n« (Olaf Gulbransson). Aus: *Simplicissimus*, 21. Jg. 1916, Nr. 1, S. 4 © Olaf Gulbransson/VG Bild-Kunst, Bonn 2014.

Abb. 24: »Kinder ihrer Zeit« (Olaf Gulbransson). Aus: *Simplicissimus*, 24. Jg. 1919, Nr. 9, S. 120 © Olaf Gulbransson/VG Bild-Kunst, Bonn 2014.

Abb. 25: Knecht Ruprecht bringt den Kindern Brot (W. Steinert). Aus: *Der wahre Jacob*, 36. Jg. 1919, Nr. 781, Weihnachtsnummer, Titelseite.

Abb. 26: Fotografie Nr. 1, aus: Harry Graf Kessler: *Die Kinderhölle in Berlin, Die Deutsche Nation*, Sonderheft November 1920, o. S.

Abb. 27: Willy Römer: Nachkriegs- und Inflationszeit. Kinder suchen in Müllkästen nach Essbarem (1919). Bildarchiv Preußischer Kulturbesitz No. 350131882 © bpk/Kunstbibliothek, SMB, Photothek Willy Römer/Willy Römer.

Abb. 28: Willy Römer: Berliner Jungen auf der Suche nach Lebensmitteln (1919). Bildarchiv Preußischer Kulturbesitz No. 30040042 © bpk/Kunstbibliothek, SMB, Photothek Willy Römer/Willy Römer.

Abb. 29: Willy Römer: Schulspeisung der Religionsgemeinschaft »Die Quäker« (1920er Jahre). Bildarchiv Preußischer Kulturbesitz No. 50131753 © bpk/Kunstbibliothek, SMB, Photothek Willy Römer/Willy Römer.

Abb. 30: Käthe Kollwitz: *Wien stirbt, rettet seine Kinder!* (1920) © VG Bild-Kunst, Bonn 2014.

Abb. 31: Käthe Kollwitz: *Deutschlands Kinder hungern* (1924) © VG Bild-Kunst, Bonn 2014.

Abb. 32: Eine Klasse der Bornheimer Mittelschule im Kinderdorf Wegscheide bei Bad Orb um 1925. Foto: Institut für Stadtgeschichte, Frankfurt am Main.

Abb. 33: Auguste Mayfarth, vordere Reihe, dritte von rechts, während eines Kuraufenthaltes für erholungsbedürftige Kinder im hessischen Weilmünster im Jahre 1925. Foto: Privatbesitz Heidemarie Molkenthin.

Abb. 34: Auguste Mayfarth im Alter von etwa 12 Jahren. Foto: Privatbesitz Heidemarie Molkenthin.

Abb. 35: Großeltern von Heidemarie Molkenthin, undatiert, mit drei ihrer fünf Kinder in den 1920er Jahren. In der Familie von Heidemarie Molkenthin wurde das Bild »das Armutsbild« genannt. Foto: Privatbesitz Heidemarie Molkenthin.

Abb. 36: Käthe Kollwitz: *Gefallen* (1920), Kreidelithografie. Aus: *Junge Menschen*, 3. Jg. 1922, Heft 5, S. 73 © VG Bild-Kunst, Bonn 2014.

Abb. 37: Käthe Kollwitz: *Die Überlebenden/Krieg dem Kriege* (1923) © VG Bild-Kunst, Bonn 2014.

Abb. 38: Klassenfoto, Elli W. vordere Reihe rechts (mit Schleife im Haar). Foto: Privatbesitz Gerlinde G.-B.

Abb. 39: Konfirmationsbild aus dem Jahr 1929, Elli W. vordere Reihe, vierte von links. Foto: Privatbesitz Gerlinde G.-B.

www.ingramcontent.com/pod-product-compliance
Ingram Content Group UK Ltd.
Pitfield, Milton Keynes, MK11 3LW, UK
UKHW040025200726
13854UKWH00001B/370

9 783837 923582